目　录

职业教育一体化课程改革系列教材——汽车技术服务与营销

新 车 销 售

主　编　罗彩茹　王朝武　郑少燕

副主编　唐　莉　罗　蕾　李　杨

钱　芬　杨晓明

西南交通大学出版社

·成 都·

图书在版编目（CIP）数据

新车销售 / 罗彩茹，王朝武，郑少燕主编．—成都：西南交通大学出版社，2022.7
ISBN 978-7-5643-8755-6

Ⅰ．①新… Ⅱ．①罗… ②王… ③郑… Ⅲ．①汽车－销售 Ⅳ．①F766

中国版本图书馆 CIP 数据核字（2022）第 112567 号

Xinche Xiaoshou
新车销售

主编　罗彩茹　王朝武　郑少燕

责任编辑	罗爱林
封面设计	墨创文化
出版发行	西南交通大学出版社 （四川省成都市二金牛区环路北一段 111 号 西南交通大学创新大厦 21 楼）
发行部电话	028-87600564　028-87600533
邮政编码	610031
网址	http://www.xnjdcbs.com
印刷	成都勤德印务有限公司
成品尺寸	210 mm × 285 mm
印张	9.5
字数	271 千
版次	2022 年 7 月第 1 版
印次	2022 年 7 月第 1 次
书号	ISBN 978-7-5643-8755-6
定价	29.00 元

课件咨询电话：028-81435775
图书如有印装质量问题　本社负责退换

前　言

随着汽车消费者日趋理性、消费观念日渐成熟，汽车市场的竞争越来越激烈。汽车企业对汽车销售人员需求剧增的同时，对其业务能力、综合素质也有了更高的要求。

本书由 4 个学习任务 16 个学习活动组成，内容涵盖了汽车销售顾问的职业要求及基本流程等相关知识。本书以汽车销售企业用人标准为导向，基于汽车销售岗位工作过程进行开发，突出汽车销售中解决问题能力和技巧的培养，取材合适，难度适中，理论与实践密切结合，具有“理论简明够用，注重实践技能”的特点，能满足汽车销售岗位的职业岗位能力和职业素质要求，是一本兼顾指导性和操作性的汽车销售类教材。本书配有丰富的教学资源库，教师可通过教学平台实现线上、线下混合式教学。

本书是深圳鹏城技师学院汽车技术服务与营销专业实施工学结合改革的成果，可作为职业院校汽车营销类专业的教学用书，也可作为汽车销售顾问职业技能培训参考用书。

本书在编写过程中，得到了同行的大力支持，在此表示诚挚的感谢。同时，本书参考了大量国内外文献资料，在此一并向相关参考文献作者表示诚挚的谢意。

由于编者水平有限，书中难免存在不足之处，欢迎读者批评指正。

编　者

2021 年 9 月

学习任务一　售前准备

情境描述

某新入职销售顾问，按部门要求进行相关的岗前培训，培训内容包括汽车销售顾问岗位职责、公司制度、岗位流程、个人仪容仪表、展厅摆放要求、产品知识等；在展厅接待前，进行了潜在客户开发；售前准备过程中，遵守企业规章制度。

学习目标

1. 能查阅并实施汽车销售展厅 5S 管理规范；
2. 能描述并执行展厅接待规范礼仪；
3. 能运用网络等方式查阅并说明车辆信息、竞争车型信息；
4. 能完整地叙述汽车销售业务流程；
5. 能有效地进行潜在客户开发与跟进。

建议学时

24 学时。

学习活动

学习活动一	汽车销售岗位认知	6 学时
学习活动二	销售顾问准备及销售现场准备	6 学时
学习活动三	汽车产品知识检索与展示	6 学时
学习活动四	潜在客户开发	6 学时

学习活动一　汽车销售岗位认知

班级：________　姓名：________　组别：________　日期：________　成绩：________

情境描述

你加入了某汽车经销商销售团队，认识了新的同事。在同事们的帮助下，你了解了汽车销售顾问岗位的岗位特征、工作职责、部门制度和汽车销售流程等内容。

学习目标

1. 能表述汽车顾问式销售的含义以及汽车销售岗位的特征和职责；
2. 能表述汽车销售部的组织架构和部门制度，并严格执行；
3. 能完整地描述汽车销售流程以及各流程的要点和注意事项；
4. 能通过小组合作方式进行本活动的销售流程图汇报。

建议学时

6 学时。

资源准备

汽车销售展厅管理制度、5S 管理规范制度等。

学习准备

问题 1：请结合自己的经历和体会，表述汽车销售顾问的主要内容。

小提示

注意区分传统销售模式和顾问式销售模式的出发点和目的，明确做好这份工作，需认真要履行岗位职责；明确汽车销售顾问最重要的不是卖车，而是为顾客买车。

问题 2：阅读【阅读材料 1】，根据汽车销售顾问岗位职责，从职业心态和工作能力要求方面，小组讨论分析一名专业的汽车销售顾问应该具备什么特征（列举 8 点）？

【阅读材料 1】

汽车销售案例

这是一个普通城市里一个普通地区的一家比较知名的车行。这个车行展厅内有 6 辆各种类型的车。这天上午，阳光明媚，微风吹拂，展厅看起来格外明亮，店中的 7 位销售人员都各自在忙着自己的事情，有的在擦车，有的利用网络发布信息，有的在整理资料，开始汽车销售的第一个步骤。

这是一个普通的工作日，一对夫妻带着 2 个孩子走进了车行。凭着做了 10 年汽车销售的直觉，乔×认为这对夫妻是有实际需求的买家。

乔×热情地上前打招呼，进行汽车销售的第二个步骤，用目光与包括 2 个孩子在内的所有人进行交流，目光交流的同时，他做了自我介绍，并与夫妻分别握手。之后，他看来是不经意地抱怨天空逐渐积累起来的云层，以及周末可能要来的雨雪天气，似乎是自言自语地说，也许周末的郊游计划要泡汤了。这显然是很自然地转向了他需要引导到的话题：他诚恳地问“两位需要什么帮助”，以消除陌生感，拉近陌生人之间的距离。

这对夫妇说他们现在开的是福特，考虑再买一辆新车，他们对越野车非常感兴趣。乔×开始了汽车销售流程中的第三个步骤——收集顾客需求的信息。他开始耐心、友好地询问：什么时候要用车？谁开这辆新车？主要用它来解决什么困难？在彼此沟通之后，乔×开始尝试满足顾客需求，从而确保顾客将来再回到自己车行的可能性得到提高。他们开始解释说，近期要去外省看望一个亲戚，非常希望能有一辆宽敞的四轮驱动汽车，可以安全以及更稳妥地到达目的地。

在交谈中，乔×发现这对夫妻的业余爱好——他们喜欢钓鱼。这样的信息对于销售人员来说是非常重要的。这种顾客信息为销售人员留下了绝佳的下一次致电的机会。销售不是一个容易学习和掌握的流程性的工作，它不像体育运动，体育运动是只要按照事先规定的动作执行，执行到位就可以取得比一般人好的成绩，而在销售工作中既有流程性质的内容，也有非常灵活的依靠某种非规则性质的内容。比如，掌握及了解顾客业余爱好的能力，就是被大多数销售人员所忽视的，甚至根本就不会去考虑。在优秀的销售人员中，他们一直认为自然界中“变色龙”的技能对销售过程最为有用。顾客由此感知到的将是一种来自销售人员的绝对真诚、个性化的投入和关切，在这种感知下，顾客会非常放心地与销售人员交流。在交流过程中，乔×展现出自己也对钓鱼感兴趣，至少可以获得一个与顾客有共同兴趣的话题，从而建立起与顾客在汽车采购以外的沟通话题。

乔×非常认真地倾听来自顾客的所有信息，以确认自己能够完全理解顾客对越野车的准确需求。之后他慎重而缓慢地说，车行现在的确有几款车可以推荐给他们，因为这几款车比较符合他们的期望。接下来便可进入销售流程中的第四个步骤——产品展示。他随口一问："计划月付多少车款？"此时，顾客表达出先别急着讨论付款方式，他们先要知道所推荐的都是些什么车，到底有哪些地方可以满足他们的需要，之后再谈论价格的问题。

乔×首先推荐了"TXZ"，并尝试着谈论配件选取的不同作用。他邀请2个孩子坐到车的座位上去感受一下。因为2个孩子好像没有什么事情干，开始调皮。这样一来，父母对乔×的安排表示赞赏。

这对夫妻对汽车非常内行。乔×推荐的许多新的技术、新的操控，顾客都非常熟悉，由此可见，这对夫妻在来之前一定搜集了各种汽车方面的资讯。如今顾客在来采购之前尽量更多地收集信息的现象是越来越普遍了。40%的汽车消费者在采购汽车之前都通过互联网搜索了足够的有关信息来了解汽车。这些顾客多数都是高收入、高学历，而且多数倾向购买较高档次的汽车，从而也将为车行带来更高的利润。其实，顾客对汽车越了解，对汽车的销售人员就越有帮助。但是，现在有许多销售人员都认为这样的顾客不好应付，太内行了，也没有任何销售利润。乔×却认为，越是了解汽车的顾客，越是没有那些一窍不通的顾客所持的小心、谨慎、怀疑的态度。

这对夫妻对"TXZ"非常感兴趣，但是乔×也展示了"YZZ"，一个较大型的越野车，因为后者的利润会多一些。这对夫妻看了一眼展厅内标有价格的招牌，叹了口气说，超过他们的预算了。这时，乔×开了一个玩笑："这样吧，我先把这辆车留下来，等你们预算够了的时候再来。"顾客哈哈大笑。

乔×此刻建议这对夫妇到他的办公室来详细谈谈。这也就是汽车销售流程中的第五个步骤——协商。协商通常都是协商价格。在通往办公室的路上，他顺手从促销广告上摘了2个气球下来，给看起来无所事事的2个孩子玩，为自己与顾客能够专心协商创造了更好的条件。

汽车销售人员的办公桌一般都是2个倒班的销售人员共同使用的，但是尽管如此，乔×还是在桌上放了自己以及家人的相片，这其实是另外一个与顾客有可能谈到的共同话题。他先写下夫妻俩的名字、联系方式。通常，采购汽车的潜在顾客一般都不是第一次来就决定购买。留下联系方式，以便在顾客到其他车行调查过以后，再联系顾客时成功率会高许多。他再一次尝试着先问了顾客的预算，但顾客真的非常老练，反问道："你的报价是多少？"乔×断定他们一定已经通过多种渠道了解了该车的价格，因此给了一个比市场上通常的报价要低一点的价格。但是，顾客似乎更加精明，他们的还价仅比车行的进价高1%。乔×表示无法接受，于是说，如果按照他们的开价，恐怕一些配置就没有了。于是，乔×又给了一个比进价高6%的报价。经过再次协商，乔×最终达成了比进价高4%的价格。对于乔×来说，这个价格获得利润很少，不过还算可以了。毕竟，顾客第一次来就能到达这个步骤已经不错了。

乔×非常有效率地做好了相关的文件，因为需要经理签字，只好让顾客稍等片刻。通常，对于车行的销售经理来说，最后检查销售人员的合同予以确定是一个非常好的辅导缺乏经验的销售人员的机会。乔×带回经理签了字的合同，但在这时，顾客却说他们还需要再考虑一下。此时，乔×完全可以使用另外一个销售中的技巧，那就是压力签约，他可以运用压力迫使客户现在就签约，但是他没有这样做，他宁愿让他们离开。这其实也是这个车行的自我约束规则。这个规则表示，如果期望顾客再回来，那么不应使用压力，应该让顾客在放松的气氛下自由地选择。乔×非常自信这个顾客肯定会回来，他给了他们名片，欢迎他们随时与他联系。

两天以后，顾客终于打来电话，表示他们去了其他车行，但是不满意，准备向乔×购买他们喜欢的车，虽然车的价格还是高了一点，但是可以接受。他们询问何时可以提车？车行里有现车，所以乔×邀请他们下午来。

下午顾客来了，接受了乔×推荐的延长保修期的建议，并且安排了下一次维护的时间，同时介绍了售后服务专员，完成了汽车销售流程的最后一个步骤——售后服务的安排。并由专门的维护人员确定了 90 天后回来更换发动机机油和机油滤清器。这个介绍实际上是要确定该顾客这个车以后的维护、保养都会回到车行。

分析：这是一个真实的例子，也非常典型、有代表性。通过这个例子，我们看到一个汽车销售人员不仅需要有一个流程性的销售技能，还需要个人素质方面的技能，如沟通的细节问题、拉近距离的方法、发现顾客个人兴趣方面的能力，以及协商能力。尽管汽车销售流程会给汽车销售人员一个明确的步骤可以遵守，但是具体的软性的销售素质还需要靠灵活的、机智的、聪颖的个人基本实力。虽然很多的销售基本实力不容易得到量化，但是，根据我们对汽车销售人员的长期研究，提炼了 7 种必需的销售基本实力：行业知识、顾客利益、顾问形象、行业权威、赞扬顾客、顾客关系、压力推销。

小提示

任何一个岗位因为分工不同，都有它独特的职责，汽车销售顾问也不例外，其岗位职责与能力要求如下：

（1）主动寻找潜在顾客，并进行转化成交；
（2）按照核心销售流程接待展厅到店或来电的顾客；
（3）分析顾客需求，建立顾客档案；
（4）掌握并传递品牌文化和产品知识，并进行试乘试驾；
（5）掌握保险、上牌、二手车置换、精品装潢等知识；
（6）搜集竞争对手信息并及时传递；
（7）掌握各种销售技巧，能解决顾客提出的各项异议；
（8）新车交付令顾客满意；
（9）定期对意向顾客和成交客户进行跟踪及回访；
（10）确保顾客满意，协助解决顾客抱怨和投诉。
（11）展厅车辆的保洁和移位，办公环境的保洁布置和维护。
（12）完成各种 KPI 考核目标。

问题 3：小组讨论，将“销售顾问、评估师、销售前台、大客户销售顾问、大客户文员、二手车销售顾问、内训师”填入图 1-1-1 中的空格处；选择某一品牌查找其组织架构，并与图 1-1-1 进行对比，分析差异并说明组织架构之间各岗位的关系。

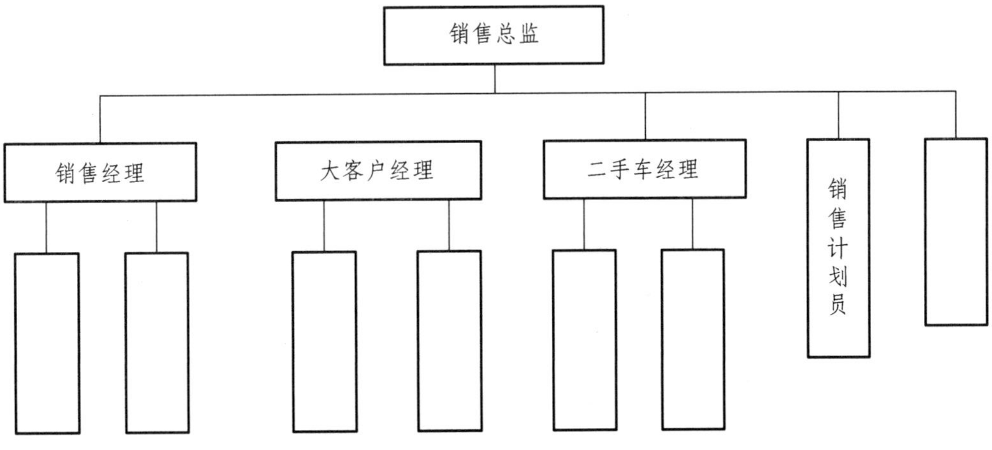

图 1-1-1　经销商销售部组织架构

计划与决策

问题 4：阅读【阅读材料 2】，描述汽车销售流程及各流程的关键时刻，填在表 1-1-1 中。

【阅读材料 2】

汽车销售流程

一、客户开发（准备）

（1）制定开发潜在客户方案。

（2）确定开发客户的先后顺序（客户分类及建立意向客户卡）。

（3）与潜在客户联系（现有客户，广告宣传活动吸引的、内部情报的、流程执行不成功的客户）。

（4）建立关系。

（5）客户邀约。

（6）接待。

注意事项：

（1）销售顾问销售计划与日报表的更新及汇总。

（2）各类客户表格的维护和更新（客户信息卡、有望客户确度状态表）。

（3）客户开发月度分析报告（指令完成情况、差异率、流失情况）。

二、展厅接待

（1）顾客进展厅前：① 迎出展厅；② 为顾客拉开门；③ 自我介绍并询问来意。

（2）顾客进展厅时：① 开门问候；② 鞠躬 15°；③ 侧身让顾客进展厅。

（3）顾客进展厅后：① 顾客表示只愿一人看时：礼貌告知顾客自己所在位置、距离顾客 1.5 米左右；② 顾客表示看某种车并需要帮忙时立即响应：上身前倾 15°并双手递上自己的名片。

注意事项：

（1）接待顾客的过程中，销售团队随时保持微笑，让顾客感受到舒适自在与无压力的销售环境。

（2）接待过程是一种双向沟通，询问顾客信息及探询到访目的，有助于需求分析的进行。

（3）给顾客倒茶水。

（4）找人时，协助顾客联络并立即回复。

三、需求分析

（1）开始建立顾客关系：① 销售顾问应随时保持微笑；② 从顾客的角度考虑问题，并倾听顾客的谈话及隐含的真意。

（2）引导商谈：① 主动提出一般人对××汽车的潜在疑虑及错误印象，并加以有效的解说；② 探询顾客的期望；③ 了解顾客的需求。

注意事项：

（1）获得顾客的信任：以行动消除顾客的防卫心理。

（2）顾客需求评估：让顾客一起加入讨论，以找出满足顾客需求的方案。

四、车辆介绍

评估顾客需求→评估顾客偏好的产品介绍模式→决定顾客喜好的介绍模式→销售顾问引导六方位介绍→六方位介绍的整体概述→针对需求来介绍（FAB）→随时探询顾客的需求→证据、数据信息辅助→试乘试驾安排。

注意事项：

（1）根据顾客所需进行产品推介。

（2）为顾客提供无压力的购车环境。

（3）为顾客提供详细的车型资料。

（4）竞争产品话术按公司设定的话术进行推介。

（5）用六方位绕车法对产品进行详细解说。

五、试乘试驾

（1）对所有顾客提供试乘试驾服务，确保车辆主要的功能介绍、轻松且愉快的试乘试驾体验。

（2）销售顾问对顾客说明试乘试驾的好处。

（3）规划及说明试乘试驾路线。

（4）进行试乘试驾。① 试车时，先避免交谈，让顾客熟悉车辆操作后销售顾问需向顾客介绍车辆性能；② 行驶路线有变更之处提早提示；③ 在进行特定的动态演示和体验项目前，提醒顾客重点关注与感受。

（5）试乘试驾后销售顾问陪同顾客返回展厅进一步商谈，试乘试驾车由同事归还原位。

（6）休息片刻，听取顾客试乘试驾的感受和主要诉求，提出对顾客的价值方案。

（7）后续追踪及统计分析。

六、洽谈成交（报价成交）

（1）销售顾问首先为顾客解说整个购买咨询的过程并解释其利益所在。

（2）价格/价值协议过程中，销售顾问要从顾客的角度考虑及注重双向沟通。

（3）若顾客仍有疑虑，要仔细倾听并设身处地为顾客着想。

（4）针对顾客认为整辆车最重要的利益，再重述并强调这个“价格”实质上具备哪些价值。

（5）若顾客有二手车要折价置换，为顾客引荐二手车评估师估价处理。

（6）为顾客提供周到全面的保险和装饰件的销售及服务。

（7）提供或建议最符合顾客条件的付款方案，针对按揭的内容提供清楚且完整的说明，让顾客充分了解。

（8）洽谈过程中，敏感地捕捉成交信号，迅速不容顾客思考地提供销售合同完成新车交易。

七、热情交车

（1）联络售前检测人员安排最恰当的交车时间，以便检测人员可顺利进行新车检查和清洁工作。

（2）联络顾客确认交车时间，并向顾客说明交车的程序。

（3）销售顾问做交车前最终检查，确保车内外各项功能正常。

（4）在专用交车区交车。

（5）交车前确认车款、保险费、装饰费及相关费用，全部收齐。

（6）证件、单据、随车配备点交。

（7）各项费用说明。

（8）陪同顾客进行车辆内外检查（外观、内饰、仪表、随车工具、座椅等）。

（9）车辆各项功能操作说明和服务保证内容说明。

（10）填写顾客档案和新车交接表。

（11）介绍服务主管及服务顾问，并邀请和带领顾客参观售后服务设施。

（12）销售顾问向顾客介绍客服人员，客服人员进行满意度调查，针对顾客的不满意点实施满意度修复及后期厂家满意度调查的拜托。

（13）邀请顾客及相关人员（含销售顾问、交车领导、服务顾问）等参加交车仪式（合影留念）及恭送顾客。

八、客户关怀（售后跟踪）

1. 新客户关怀

（1）购车3天内的电话关怀（销售顾问、销售主管及客服代表）。

（2）寄发由总经理署名的感谢信，再次电话致谢。

（3）定期回访：① 3天首访；② 第1周：购车致谢、车辆使用情况追踪、购车情报收集；③ 第1个月：车辆使用情况追踪、免费保养招揽、购车情报收集、预约进站时间；④ 第3个月：客户关系维护、车辆使用情况追踪、免费保养招揽、购车情报收集；⑤ 第7个月：客户关系维护、定期保养招揽和预约、购车情报收集；⑥ 第9个月：定期保养招揽；⑦ 第10个月：保险续保招揽、年检通知、定期保养招揽和购车情报收集等。

2. 老客户关怀

（1）定期的电话关怀，每月至少一次电话关怀当作例行的工作。

（2）售后关怀的方式：① 客户生日或节日庆祝贺卡、简讯，让客户感到温馨、体贴；② 定期保养讲座；③ 车友活动；④ 特殊天气提示和关怀信息；⑤ 一对一电话或短信（不要群发信息）。

3. 客户抱怨处理

（1）换位思考：① 客户抱怨可以指出你做得不尽理想之处；② 客户抱怨给你提供可以再次服务的机会，让不满化为满意；

（2）客户最不满意的感受：① 不被尊重；② 不平等待遇；③ 面子挂不住；④ 被骗的感觉；⑤ 心理不平衡；

（3）抱怨的原因分析：① 误解：来自竞争者或他人不正确的信息；② 不知道：没有给客户提供最新交易信息或产品信息；③ 另有意图：没有说出真正原因或想获取利益。

4. 抱怨处理的原则

（1）不回避，要面对现实，迅速处理。

（2）正视抱怨，追根究底。

（3）必要时请主管参与了解，运用团队协作解决问题。

（4）做书面记录，教育相关人员，避免重蹈覆辙。

表 1-1-1 汽车销售流程

流 程	关键时刻（MOT）
售前准备	
展厅接待	
需求分析	
车辆介绍	
试乘试驾	
洽谈成交	
热情交车	
售后跟踪	

小提示

关键时刻的英文是 moment of truth，简称 MOT，是北欧航空公司前总裁詹·卡尔森提出的。关键时刻指与顾客接触的那一时刻，它存在于企业的各个环节，虽然有时看似微不足道，但都会给顾客留下印象。

实施与反馈

问题 5：以小组为单位，设计汽车销售流程图，并说明你对汽车销售顾问岗位的认识，在各个流程中如何体现汽车销售顾问岗位的重要性，汽车销售岗位的职责、能力及特征等内容，展示后完成表 1-1-2。

表 1-1-2　学习评价表

<table>
<tr><th rowspan="2">项目</th><th rowspan="2">评价内容</th><th colspan="2">评价等级</th></tr>
<tr><th>分值</th><th>得分</th></tr>
<tr><td rowspan="5">专业能力</td><td>能通过互联网、资料等渠道获得汽车销售顾问的含义</td><td>10</td><td></td></tr>
<tr><td>能清晰表述汽车顾问式销售岗位的特征和职责</td><td>10</td><td></td></tr>
<tr><td>能清晰表述汽车销售组织架构和销售部门制度</td><td>10</td><td></td></tr>
<tr><td>能完整地描述汽车销售流程</td><td>10</td><td></td></tr>
<tr><td>能描述汽车销售流程的内容和关键时刻</td><td>10</td><td></td></tr>
<tr><td rowspan="5">职业素养</td><td>能与他人合作，进行有效沟通</td><td>10</td><td></td></tr>
<tr><td>具有团队意识，小组成员相互配合</td><td>10</td><td></td></tr>
<tr><td>能主动、清晰地表达自己的观点</td><td>10</td><td></td></tr>
<tr><td>能详细具体地进行自评与互评</td><td>10</td><td></td></tr>
<tr><td>能遵守 6S 管理，服从教师安排</td><td>10</td><td></td></tr>
<tr><td colspan="3">总分 100 分</td><td></td></tr>
<tr><td>小组评价</td><td>做到了：
不足：
建议：</td><td colspan="2">组长签名：</td></tr>
<tr><td>教师评价与建议</td><td colspan="3"></td></tr>
</table>

问题 6：（反思性问题）某销售顾问花了大量的精力去学习汽车专业知识，自认为专业能力很强，口才也很好，对顾客很热情，但总是无法取得好的业绩，这让他很苦恼。你觉得是什么原因呢？

问题 7：（拓展性问题）与传统汽车销售手段相比较，试分析汽车销售商务平台的优势和劣势，填写表 1-1-3。

表 1-1-3　汽车销售商务平台的优劣势

汽车销售商务平台的优势	汽车销售商务平台的劣势

小提示

汽车销售商务平台，通常被称为“网络销售”，即通过相关网络来宣传自己的品牌、经销商，推广自己的产品或服务。

相对于传统汽车销售手段，网络销售能够超越时间和空间的制约，能更直接满足消费者的需求，同时减少了传统销售中层层克扣的问题，给顾客带来更多的优惠，具有更多的优势。但是，汽车不像服装、化妆品等快销产品，不能完全通过网络进行整车销售的全过程，因而大部分经销商仍采用 O2O 的模式进行线上推广、线下服务。特许经销商（4S 店）仍然是目前最根本、最有效的汽车销售模式，但汽车销售商务平台是必然的趋势。

问题 8：（拓展性问题）选择本市一家汽车销售服务有限公司，了解该公司的规章管理制度，谈谈你对该公司制度的理解？并思考如果你是该公司的员工，怎样才能做得更好？

备忘录

学习活动二　销售顾问准备及销售现场准备

班级：________　姓名：________　组别：________　日期：________　成绩：________

情境描述

你所在部门的销售经理对你进行了汽车销售顾问个人形象、礼仪规范、销售现场及展厅车辆等的培训，并要求你按规范执行。

学习目标

1. 能按照标准规范整理个人形象及进行礼仪规范展示；
2. 能按要求准备销售工具夹；
3. 能按要求进行销售展厅及展车的布置；
4. 团队合作，进行有效的沟通。

建议学时

6 学时。

资源准备

洽谈桌、接待礼仪规范资料、电话、整车、销售工具夹、名片等。

学习准备

问题 1：小组讨论，准备好礼仪训练材料，并对照表 1-2-1 仪容仪表自我检查表和表 1-2-2 接待礼仪自我检查表进行自我检查。

表 1-2-1　仪容仪表自我检查表

序号	检查内容		如果合格请打“√”
1	头发	女士：干净，不涂抹过多的啫喱、摩丝；梳理整齐，过肩发需束起	
		男士：整洁、干净；轮廓分明，样式保守，前不过眉，侧不过耳，后不过领	
2	五官	女士：清新、自然、精神饱满，通过恰当的淡妆修饰体现朴素、优雅、大方的美	
		男士：清新、自然、精神饱满；不留胡须，或修剪整齐	

续表

序号	检查内容	如果合格请打“√”
3	保持双手及指甲清洁，无黑边；指甲长度不超过指尖，手表款式不可过于夸张。女士涂指甲油需涂无色	
4	衬衫、外套是否清洁	
5	皮鞋是否光亮、无灰尘	
6	清晨上班时是否相互打招呼	
7	上班5分钟前是否已到座位上	
8	在走廊内有无奔跑	
9	是否佩戴胸牌，并无遮挡	
10	办公时有无窃窃私语	
11	对办公用品和公共物品是否爱护	
12	离开座位外出时，有无留言、告知去处	
13	午休或下班时，是否整理办公台面	
14	在茶水间、洗手间、走廊内有无站着闲谈	
15	有无在办公室进食	
16	有无在办公室吸烟	
17	公共物品是否谁使用谁整理	
18	发现垃圾等杂物是否主动拾起	

表 1-2-2　接待礼仪自我检查表

序号	检查内容	如果合格请打“√”
1	对所有的客人是否都是面带微笑	
2	在走廊遇到客人时，是否让路	
3	遇到客人后，是否马上接待或引导	
4	是否双手接收名片	
5	接收名片时，是否认真看过一遍并读出关键内容	
6	接待客人时，能否将客人姓名、公司名称、事件正确传达给他人	
7	引路时是否照顾到客人的感受	
8	转弯时是否提前提醒客人注意	
9	是否了解在电梯内如何引导客人	
10	在电梯内是否告知客人所要去的地方和楼层	
11	进入会客室时是否敲门	

续表

序号	检查内容	如果合格请打“√”
12	是否了解开门、引导客人的顺序	
13	是否保持会客室的清洁	
14	是否了解会客室主座的位置	
15	是否让客人入座主座	
16	使用茶具后是否清洁	
17	客人久等时，是否中途出来向客人表达歉意，并征得客人同意安排其他同事对应	
18	给正在接待客人的人员传话时是否使用便条	
19	进行介绍时，是否从下级开始	
20	送客人时，是否看不见客人背影后才离开	

问题 2：销售顾问的外在形象至关重要，因为顾客在见到你之后的 7 秒～2 分钟会形成第一印象。为了有更好的光环效应，作为汽车销售顾问，你应该做好哪些准备才能更好地接待顾客，以更好地建立销售顾问专业的销售形象和信心，并得到顾客的认可和信任？

小提示

光环效应最早是由美国著名心理学家爱德华·桑戴克于 20 世纪 20 年代提出的：一个人如果被标明是好的，他就会被一种积极肯定的光环笼罩，并被赋予一切都好的品质；如果一个人被标明是坏的，他就被一种消极否定的光环所笼罩，并被认为具有各种坏品质。这就如月亮周围出现的圆环（月晕），不过是月亮光的扩大化而已，即“晕轮效应”，也称作“光环作用”。

计划与决策

问题 3：各小组按照【阅读材料 1】礼仪规范与标准内容（见表 1-2-3），制定礼仪展示项目和人员分工表（见表 1-2-4）。

【阅读材料 1】

表 1-2-3　汽车礼仪规范与标准

项目	规范说明	图示
微笑	要领：与顾客接触时，始终保持真诚的微笑（建议露 6-8 颗牙齿）	 
站姿	要领：面带微笑，两眼目视前方；做到“三挺、两收、一平、一正”：挺脖颈、挺胸、挺膝盖；收下颌、收小腹；肩平；头正。 男式站姿：两脚与肩同宽，两手自然下垂，中指贴拢裤缝；或右手压左手放于腹前或背后。 女式站姿：两脚跟并拢，两脚尖自然分开成 45°（或丁字步），两手虎口交叉自然放于腹前	 
坐姿	要领：面带微笑，两眼目视前方；应保持上身站立时的姿势，即“挺脖颈、挺胸收腹、收下颌、肩平、头正”；入座时不可深坐；不要靠在椅背上。 男式坐姿：两腿分开与肩同宽、两手自然下垂分别放在两膝盖处。 女式坐姿：入座时，如着裙装，应该先用手将裙摆捋一下，然后入座；双脚并拢，不要分开，双脚可正放或侧放，两脚平行，脚尖方向一致。	 
蹲姿	要领：上身挺直，保持半蹲姿势，一只脚在前，另外一只脚稍后，双手自然放置在膝盖上。男士双腿可适度分开，女士应侧身并靠紧双腿。	 
鞠躬（迎接顾客）	要领：1. 顾客进门之前保持标准站姿，并微笑注视顾客。 2. 顾客进门时鞠躬并说问候语，鞠躬时以臀部为轴心，将身体挺直地向前倾斜，上身躯干微弯 15°，头部在颈椎延长线上，目光随着身体的倾斜而自然下垂。 3. 说完问候语后，恢复标准站姿	 

手势	引领礼仪要领：1. 指引顾客进入某个场所时，用远离顾客的手指向场所方向，并说：“这边请……。” 2. 手掌五指并拢并伸直，大臂在 1 秒内自然抬起，并保持手臂与手掌呈一条直线。 3. 手臂举起的同时，身体朝向指引方向微倾，微笑注视顾客。 指引礼仪要领：面带微笑、五指并拢、全掌示意。 送客礼仪要领：面带微笑、送至门口、挥手告别	 
走姿	要领：正常行走时，频率适中；在跟随顾客或引导顾客时，以顾客的步伐为准	
握手	要领：大方伸手、虎口相对、目视对方、面带微笑、力度七分、三秒结束。 1. 用右手握手，不能坐着与人握手，男士不能戴手套握手。 2.“三优先”，即长者优先，女士优先，职位高者优先	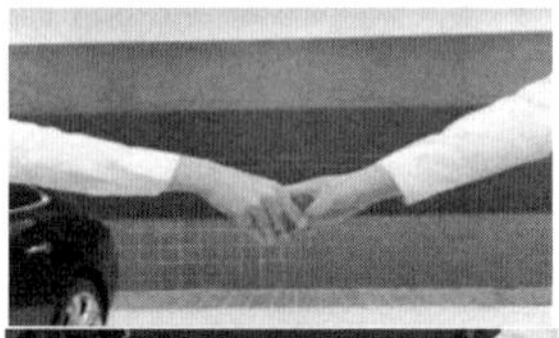 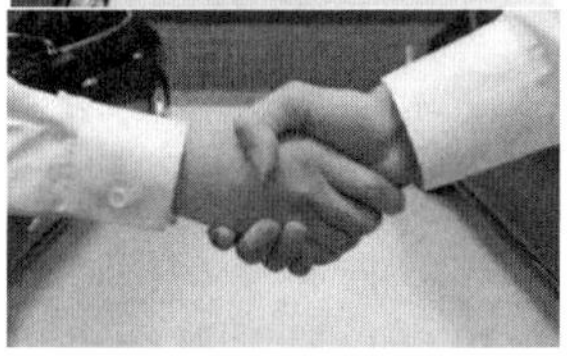
递接名片	要领：正面呈送、双手递出、面带微笑、上身前倾、自我介绍。 1. 递名片时，名片内容要正面对着顾客。 2. 若是与顾客交换名片的时候，自己的名片必须在顾客名片下面递给顾客。双手接过顾客名片时，目光转移到名片上并端详几秒钟，然后要说出顾客的职位、名字，可以的话要夸奖几句	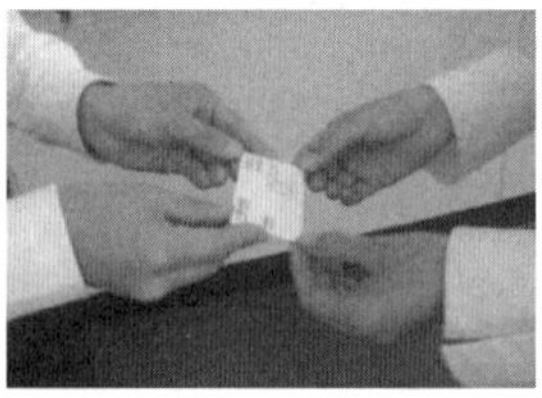
递物	递茶水要领：立正姿势、以盘托杯；右侧上茶、勿递手中（冷/热饮需提示顾客）；面带微笑、手势示意；注视顾客、使用敬语。 递资料要领：正面朝顾客、上身略前倾、目光要关注、用双手递出	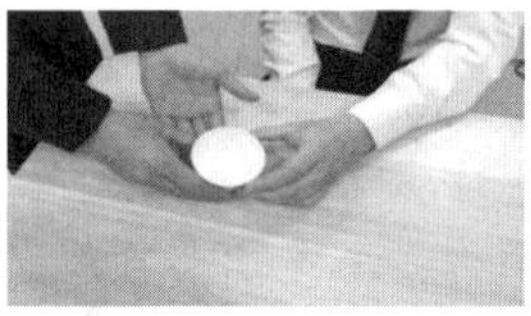
电话	要领：面带微笑、端正坐姿、自我介绍、征询同意、语速适中、声音清晰、左手接听、做好记录	

表 1-2-4　礼仪展示计划表

礼仪展示内容	
小组人员分工	
其他	

问题 4：在销售的过程中使用销售工具夹会让顾客感觉更加专业，同时在进行相关事项说明时，可以让销售人员的讲解更全面、更直观、更可信，所以，在与顾客交谈时，销售顾问应随身携带销售工具夹。销售工具夹中的内容填写在表 1-2-5 中。

表 1-2-5　销售工具夹的内容

序号	内容	序号	内容	序号	内容

问题 5：各小组通过网络查询或实地考察，收集汽车经销商展厅现场照片，结合【阅读材料 2】，描述 4S 店展厅管理规范要求。图 1-2-1 为 4S 店现场示意图。

图 1-2-1　4S 店现场示意图

实施与反馈

问题 6：小组分工合作，完成规范礼仪展示、销售工具夹准备和销售现场准备，完成后填写表 1-2-6。

表 1-2-6 学习评价表

项目	评价内容	评价等级	
		分值	得分
个人礼仪准备	着装：整洁、得体、协调、美观	10	
	精神：微笑，精神饱满，神采奕奕	10	
	规范：动作规范、姿态优美连贯、吐字清晰、声音洪亮	10	
工具夹准备	能够在规定时间内有效完成销售工具夹准备	10	
	工具夹内容齐全，符合要求	10	
销售环境准备	能发现汽车展厅环境及展车不符合要求的项目	10	
	整改方案考虑周全，具有建设性	10	
职业素养	遵守一体化教室 6S 管理规定，养成良好的工作习惯	10	
	小组配合默契，分工明确	10	
	注重完成任务的效率，时间安排合理	10	
总分 100 分			
小组评价	做到了： 不足： 建议：	组长签名：	
教师评价与建议			

（1）各小组按照【阅读材料 1】的要求进行规范礼仪展示，小组派一名成员负责收集展示照片并提交。

（2）按照表 1-2-5 填写内容，完成销售工具夹制作。

（3）参照【阅读材料 2】，各小组检查汽车营销实训室现场及展车，与 4S 店展厅的要求做对比，发现存在的不足之处，并进行整改，填写表 1-2-7。

【阅读材料 2】

汽车 4S 店展厅 5S 管理细则

一、展厅整体

1. 展厅内、外墙面、玻璃墙等保持干净整洁，应定期（1 次/半年）清洁。
2. 展厅内部相关标识的使用应符合公司文化识别系统、视觉识别系统的要求。
3. 应按公司要求挂有标准的汽车营业时间看牌。

4. 展厅的地面、墙面、展台、灯具、空调器、视听设备等保持干净整洁，墙面无乱贴或过期的广告海报等。

5. 展厅内摆设有车辆型录架，型录架上整齐放满与展示车辆相对应的各种型录。

6. 展厅内保持适宜、舒适的温度，依照标准保持在25℃左右。

7. 展厅内的照明要求明亮、令人感觉舒适，标准照度在800lux左右。

8. 展厅内须有隐蔽式音响系统，在营业期间播放舒缓、优雅的轻音乐。

9. 展厅内所有布置物应使用公司可提供的标准布置物。

二、车辆展示区

1. 每辆展车附近的规定位置（位于展车驾驶位的右前方）设有一个规格架，规格架上摆有与该展车一致的规格表。

2. 展车间相对的空间位置和距离、展示面积等参照品牌管理手册执行。

3. 其他项目参照本章《展车规范要求》及《展示布置规范示意图》执行。

三、顾客休息区

1. 顾客休息区保持整齐清洁，沙发、茶几等摆放整齐并保持清洁。

2. 顾客休息区设有杂志架、报纸架，各备有5种以上的杂志、报纸，其中应有汽车杂志、报纸；报纸应每天更新，杂志超过一个月需更换新版。

3. 顾客休息区设有饮水机，并配备品牌标准的杯托和纸杯。

4. 顾客休息区需摆放绿色植物盆栽，以保持生机盎然的氛围。

5. 顾客休息区配备有大屏幕彩色电视机（29英寸以上）、影碟机等视听设备，在营业时间内可播放品牌汽车广告宣传片和专题片。

四、业务洽谈区

业务洽谈区的桌椅摆放整齐有序，保持洁净。

五、顾客接待台

1. 接待台保持干净，台面上不可放有任何物品，各种文件、名片、资料等整齐有序地摆放在台面下，不许放置与工作无关的报纸、杂志等杂物。

2. 接待台处的电话、电脑等设备保持良好的使用状态。

六、卫生间

1. 卫生间应有明确、标准的标识牌指引，男女标识易于明确区分；客人和员工分离，客人在一楼，员工在二楼，由专人负责卫生打扫与清洁，并由专人负责检查与记录。

2. 卫生间的地面、墙面、洗手台、设备用具等各部分保持清洁，台面地面不许有积水，大小便池不许有黄垢等污物。

3. 卫生间内无异味，应采用自动喷洒空气清新剂的喷洒器来消除异味。

4. 卫生间内相应位置应备有充足的卫生纸，各隔间内设有衣帽钩，小便池所在的墙面上应悬挂有赏心悦目的图画。

5. 适度布置一些绿色植物或鲜花予以点缀。

6. 卫生间洗手处须有洗手液、烘干机、擦手纸、绿色盆栽等，洗手台上不可有积水或其他杂物。

7. 在营业期间播放舒缓、优雅的背景音乐。

七、儿童活动区

1. 儿童活动区应设在展厅的里端，位置应相对独立，有专人负责儿童活动时的看护工作（建议为女性），不宜离楼梯、展车、电视、型录架、规格架等距离太近，但能使展厅内的顾客看到儿童的活动情况。

2. 儿童活动区要能够保证儿童的安全，所用的儿童玩具应符合国家有关的安全标准要求，应由相对柔软的材料制作而成，不能采用坚硬锐利的物品。

3. 儿童活动区的玩具应有一定的新意，色调丰富，保证玩具对儿童有一定的吸引力。

4. 儿童活动区需有“本区今日已消毒，请放心使用”及相关安全使用的温馨提示等贴牌。

表 1-2-7　汽车营销实训室检查表

检查项目	不符合项目	整改建议
展厅整体		
车辆展示区		
展厅车辆		
业务洽谈区		
顾客接待台		
其他		

问题 7：（反思性问题）礼者，敬人也，就是给人以尊重。它是在人际交往中，以一定的、约定俗成的程序、方式来表现的律己、敬人的过程。请谈谈学习礼仪的意义是什么？

问题 8：（拓展性问题）当顾客的仪容仪表特别令你反感时，该怎么办？

备忘录

学习活动三　汽车产品知识检索与展示

班级：________ 姓名：________ 组别：________ 日期：________ 成绩：________

情境描述

在接待顾客前，你需要熟悉汽车产品，能够描述各车型的定位和卖点，并能按要求进行展示。

学习目标

1. 能运用网络等渠道查询某款车型的产品知识，并按要求进行展示；
2. 能区分不同产品的定位，描述车型卖点；
3. 能对本组、其他组的展示按标准进行评价。

建议学时

6 学时。

资源准备

互联网资源、汽车产品数据资料、整车等。

学习准备

以小组为单位，选择一款中级轿车作为本组的销售车辆，由小组长分配组员收集整理相关的产品资料。

计划与决策

问题 1：假设你计划买一辆小轿车，会考虑哪些方面？了解这些方面的相关知识的具体方法或渠道有哪些？

问题 2：利用互联网资源或已有资料查找汽车性能相关信息，完成表 1-3-1。

表 1-3-1 汽车性能及对应配置和参数

序号	汽车性能	对应的汽车配置和参数
1	动力性	
2	燃油经济性	
3	安全性	
4	操纵性	
5	舒适性	

问题 3：选择两款同级别的竞争车型进行对比分析，填写表 1-3-2。

表 1-3-2 竞争车型对比表

参数项目	车型 A：________	车型 B：________
厂商指导价		
级别		
能源类型		
最大功率（kW）		
最大扭矩（N·m）		
发动机		
变速器形式		
长×宽×高（mm）		
轴距（mm）		
前后轮距（mm）		
行李箱容积（L）		
最高车速（km/h）		
0~100 km/h 加速时间/s		
等速油耗（L/100 km）		
综合工况油耗（L/100km）		
悬架类型	前悬：________ 后悬：________	前悬：________ 后悬：________
转向系统		
制动系统		
主动安全配置		
被动安全配置		

续表

参数项目	车型 A：________________	车型 B：________________
轮胎及备胎规格		
其他配置		
产品优势		
产品劣势		

实施与反馈

问题 4：选择某款车型采用演示文稿的形式进行各方位介绍，展示时参照学习评价表进行评价，填写表 1-3-3（要求条理清晰，数据准确，用词恰当，时间控制在 10 分钟以内）。

问题 5：（反思性问题）通过展示、考核、评价，再回顾小组的产品介绍方案，你认为在选择车型时哪些因素最重要？

问题 6：（拓展性问题）在销售过程中，当顾客提及竞争车型时，觉得竞争车型比我们的好，应该如何处理？

表 1-3-3　学习评价表

项目	评价内容	评价等级	
		分值	得分
专业能力	能通过互联网、资料等渠道获取车型相关信息	10	
	产品参数准确，用词恰当，产品介绍通俗易懂	10	
	能区分不同产品的定位，描述卖点	10	
	能对比分析同级别的竞争车型	10	
	产品介绍时图文并茂，有效展示	10	
职业素养	学习态度积极主动	10	
	遵守纪律，服从安排	10	
	小组配合默契，沟通有效，分工明确	10	
	按时完成工作任务，时间安排合理	10	
	遵守一体化教室 6S 管理规定，养成良好的工作习惯	10	
总分 100 分			
小组评价	做到了： 不足： 建议：	组长签名：	
教师评价与建议			

备忘录

学习活动四　潜在客户开发

班级：________　姓名：________　组别：________　日期：________　成绩：________

情境描述

作为销售顾问的你能制定开发潜在客户的目标，根据目标运用相关渠道进行开发、评估和管理潜在客户，确定销售对象，为有效开展销售工作做好铺垫。

学习目标

1. 能设定潜在客户开发目标；
2. 能有效运用相关方法开发潜在客户；
3. 能运用 MAN 法则判定潜在客户；
4. 能进行潜在客户活动分析。

建议学时

6 学时。

资源准备

客户来店（电）登记表、电话等。

学习准备

问题 1：在整个销售活动中，寻找顾客是一件具有挑战性、开拓性和艰巨性的工作。它是销售顾问扩大社交圈子、创造更多销售机会的过程。销售顾问认识得越多，目标客户群就越大，销售的机会就越多，销售业绩也就越好。可见寻找顾客对于销售顾问来讲是至关重要的。思考其重要性具体可以体现在哪些方面？

计划与决策

问题 2：制定潜在客户开发目标。

（1）“销售漏斗”又称“营销漏斗”，是一个形象的概念，如图 1-4-1 所示。漏斗的顶部是有购买需求的__________客户：漏斗的上部是将本品牌产品列入候选清单的__________客户，或者称为洽谈阶段的客户；漏斗的中部对应的是正在报价或者进入成交阶段的客户，漏斗中部流出漏斗外的是__________；漏斗的下部是已经下订单的__________客户，而从漏斗中流出的就是我们的销量。

销售漏斗在汽车销售中的应用主要表现为____________________、____________________、____________________数量的相互关系。

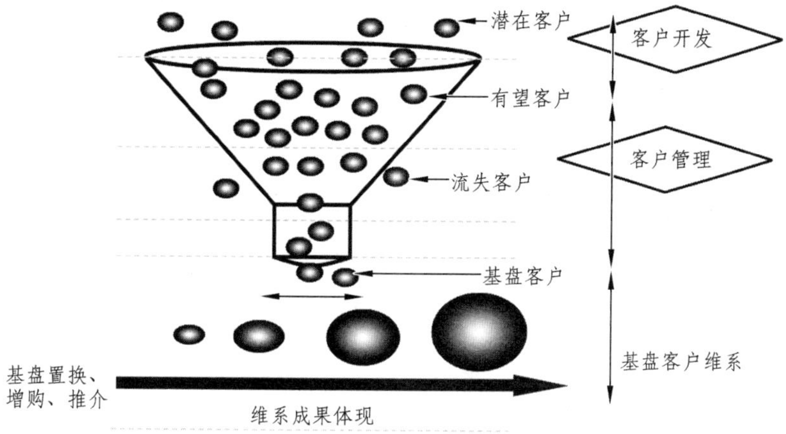

图 1-4-1 销售漏斗

依据漏斗原理思考，销售顾问可以通过哪些方法提高销量？

（2）计算：通常在接触的潜在客户当中，真正有购买意向的顾客可能只占 30%，而这 30%当中真正成交的可能只有 40%，那么销售顾问的成交率是多少？假如销售顾问有 100 个潜在客户信息，真正成交的顾客有多少个？

（3）销售顾问小李 9 月份的销售任务额为 12 辆，公司单台车的平均佣金是 400 元（假设含保险精品等的平均佣金），那么小李需要销售多少台车才能够赚到 6 000 元？目前小李手头上已经有意向的顾客数为 20 个，其近期的成交率为 10%。思考小李 9 月份的顾客开发目标数为多少？平均每天需要开发多少个客户？

问题 3：开发潜在客户。

试分析开发潜在客户的渠道有哪些？

问题 4：评估潜在客户。

（1）明确目标客户群将使销售顾问花费最少的时间找到潜在客户，明确目标客户群需要进行细致的客户界定分析。客户分析可以从客户的____等方面入手。

（2）评估潜在客户的方法主要是 MAN 法则。MAN 即____________________、____________和____________的简称。

按照购车三要素不同的表现（见表 1-4-1），可以将客户划分为以下 8 种类型。试分析表 1-4-2 中 8 种类型的应对措施。

表 1-4-1　购车三要素

购车能力	购车决策权	需求
M（有）	A（有）	N（有）
m（无）	a（无）	n（无）

表 1-4-2 客户类型应对措施

序号	客户类型	应对措施
1	M+A+N	
2	M+n+A	
3	M+N+a	
4	m+N+A	
5	M+n+a	
6	m+N+a	
7	M+n+A	
8	m+n+a	

（3）运用 MAN 法则评估表 1-4-3 中的潜在客户。

表 1-4-3 判断潜在客户

序号	客户案例	判断
1	柳×拍戏赚了钱，最近想买一辆车代步，但不知道买什么车好	
2	胡三哥是某工程公司的包工头，最近想买一辆拉建材的货车	
3	张×去年嫁给一富翁，打算买一辆××，可是丈夫不同意她买	
4	某国企正在酝酿一次车改，由单位配车改为买车给补助	
5	王经理打算购买一辆 10 万元左右的小轿车，路过某高端品牌 4S 店……	

问题 5：管理潜在客户。

客户的分级有利于销售顾问合理分配时间，分层次地对客户进行接待和跟踪，以更有效地接待不同客户。汽车经销商根据潜在客户的成交时间和动态，将潜在客户分为 6 个意向等级，如表 1-4-4 所示，并将来店或来电的客户进行登记、统计（见表 1-4-5 和表 1-4-6）。根据表 1-4-4，试举例几种潜在客户情况，并判断客户级别。

表 1-4-4 客户分级标准

级别	成交时间	客户动态	跟进标准
O 级	订金订单客户	订金已收	根据实际情况而定
H 级	7 天内成交	车型、颜色、付款方式、现车时间、资金准备均已确定	24 小时首次电话跟进，此后每天跟进一次
A 级	1 个月内成交	就产品价格、衍生服务、购车时间等进行商谈，并约定下次谈判时间	24 小时首次电话跟进，此后每 3 天跟进一次
B 级	1~3 个月内成交	商谈中表示有购车意愿，正在对比车型、车价、便利性等	3 天内电话跟进一次，此后每 7 天跟进一次
C 级	3~6 个月内成交	表示在很长的一个确定时间点有购车打算	7 天内电话跟进一次，此后每 30 天跟进一次
N 级	无明确购买时间	购车意向不明确或对竞争对手意向更为强烈	3 天内电话跟进一次，此后逢节假日短信问候

表 1-4-5　来店（电）客户登记表

年　月　日

序号	客户姓名	联系电话	意向车型	意向级别	来店（电）时间	离去时间	来源渠道	销售顾问	备注
1									
2									
3									
4									
5									
6									
7									
8									
9									

表 1-4-6　展厅来店（电）统计表

年　月　日

时间段	日期	1	2	3	4	5	6	7	8	9	10	……	30	31	全月合计	构成比（%）
	星期															
08:00—10:00																
10:00—12:00																
12:00—14:00																
14:00—16:00																
16:00—18:00																
18:00—20:00																
来访客户合计																
留有客户资料数																
产生意向客户	O 级															
	H 级															
	A 级															
	B 级															
	C 级															
	N 级															
展厅销售台数																

小提示

汽车客户级别不是一成不变的，昨天的H级客户有可能成为今天的C级客户，今日的B级客户有可能在明天又变成H级客户。它受销售顾问的接待水平、跟进质量、经销商及竞争对手的服务水平、国家政策等因素的影响而不断发生变化。

问题 6：销售时很难做到第一次见面就成交，有哪些方法和技巧可以有效地跟进潜在客户、提高成交率？

实施与反馈

问题 7：参考【阅读材料 1】，小组讨论，分析表 1-4-7 中的案例，根据已有的客户信息，判断客户类型，制定跟进的办法和话术，并说明理由，展示并完成表 1-4-8 学习评价表。

【阅读材料 1】

浅论汽车销售中的客户跟进方式及策略

案例概述：

王先生，约 40 岁，电商公司总经理，第一次来展厅。

8 月下旬，王先生携太太一行 4 人来到展厅，从谈话中得知，其目前需要购买一辆越野车，他们刚从对面某品牌 4S 店展厅走出来就来到了我们这边。王太太初看了店内某越野车之后，当场就反对购买此车，认为方头方脑的，像个大货柜，太难看。王先生匆匆了解大概情况后留下电话就离开了。在此期间通过近 2 个月的跟进，最终于 10 月中旬成交。

客户跟踪按销售流程来讲一般分为售前跟进和售后回访，这里主要着重点于售前的销售跟进。根据日常工作中的实践经验，客户跟进的方式及策略通常有如下几种：

1. 发短信

短信的特点是既能及时有效地传递信息，又不需要接收者当即做出回答，对接收者的打扰较小，非常“含蓄”，更符合中国人的心理特点。发短信形式多样，有短信提醒、短信通知、短信问候等，这些方式的优势在于保证对方一定能收到，即“有效传播”，但是也容易因不小心删除。通过短信进行广告、营销，本身是一种正常合法的商业行为。这种发短信的方式价格便宜、成本低廉且效果不错。但是若使用不当，也会造成客户反感甚至投诉。因此要掌握好“度”，既不宜太过频繁，使顾客感觉厌烦，也不要太过“冷落”，这样达不到应有的效果。

案例简评：

客户王先生当天离开展厅大约 1 个小时后，我给客户发去了第一条短信：“王先生好，感谢您的到访，很高兴为您介绍汽车，如有不周，请您多多包涵，这是我的电话，若有需要，请随时与我联系，一有最新情况，我会立刻通知您。××展厅小欣。”通过这条短信，希望客户在离开展厅之后还能够记得我这个销售人员，同时，通过发短信，也告知客户我自己的电话号码，客户若有意继续了解，就会把我的电话号码储存下来。当客户需要时，翻出电话簿就能够马上找到我。这条短信起到广而告之的作用。

除正常联系外，在此期间我还发了一条短信。当我9月底从其助手口中得知王先生将于10月初到日本出差，且时间也定好了就在2日中午。2日上午，天气不错，10点左右，我给客户发出了我的短信：伴着早晨的阳光，送去我亲切的问候，××展厅小欣祝您出行一切顺利，平安如意。客户过了约1个小时（估计在去机场的路上）回复了短信：谢谢，买车一定找你！

2. 打电话

打电话是为了获得更多的客户需求和信息。打电话了解信息的同时也要为自己留下下次接触的机会，这就需要在打电话的同时向客户提出问题，并表示此次回答不了，等深入了解之后再给客户一个满意的答复。这既是一种负责任的表现，也是增加感情交流的好机会。我们在打电话跟进之前，要对顾客进行初步的分析，对不同的疑问点，采取不同的措辞。与短信跟进一样，打电话也要注意时机的把握，跟顾客进行联络不能太过频繁，要把握好度。

案例简评：

客户王先生来展厅3天后，我给客户打了第一次电话："王总您好，我是××公司汽车销售顾问小欣，您上次来我们展厅看车，我个人感觉您还是比较喜欢我们品牌汽车的，虽然您太太刚开始有点不喜欢，但是我觉得您太太还是比较尊重您的意见，您现在是不是有点左右为难？"通过电话交谈，我的初步判断还是没有错，王先生的确十分喜欢我们品牌的汽车，但是太太不太了解，所以无法接受这个外形。他们达成了一个初步的约定：若王先生买太太选中的品牌，就没有什么意见，若买我店品牌，王先生就要给太太买辆轿跑。

此次沟通，更重要的是王先生让我把有关车型更详细的资料传到他的邮箱，让我跟其助理裴先生联系要邮箱地址，并告知了助理（获取内线，同时通过他了解到邮箱及公司所在地，也顺便取得了公司的电话）。

3. 发邮箱

利用邮箱进行客户跟进和产品宣传，既节省了纸张，又迅速快捷，且附带内容更多样化。文字、图片、动画、视频电影等均可通过邮箱即时传递到客户面前。这是一种快捷的跟进方式，所见即所得，信息量大，目的性强。在处理上均要求客户看到电子邮件之后给予回执，并及时电话通知客户邮件已发送，请客户查收。若没有收到，还可以再次发送，从而体现出敬业负责的态度。当然，如果文件不大，也可以通过微信发送，甚至还可以发送公司公众号及资料链接等。

案例简评：

根据客户王先生的要求，我整理了一套完整的资料，分3次给客户发送。资料包括文字：车型历史、技术亮点、越野法宝；图片：路演图片、车型对比图片、丛林越野图片；视频：路演视频、广告视频。根据了解到的情况，王太太在帮王先生收发资料时肯定也会看这些内容，也希望通过这些内容来影响其购买意向，加深王先生及太太对车辆的接纳度。事实证明效果还不错，王先生就是在吃完饭后和家人一起欣赏那些照片的。

4. 接听电话

对销售人员来讲，接听电话也是一门学问，是增进沟通的桥梁。同时说明客户已经开始接受、认可你了。接听电话时，要注意接听电话礼仪，态度要热情，口气要和善，声音要洪亮，及时且认真对待。因为每一个未知来电，对我们而言都可能是潜在客户，不要掉以轻心。对客户的询问，如果需要查找资料，最好是先挂断电话，告知客户稍后再打过去。若有可能，将潜在客户的电话号码存在手机中，来电一看即知。

案例简评：

时间到了9月中旬，离我第一次打电话给客户差不多一周，客户王先生给我来了电话。我一看来电显示王总，便清了下嗓子，立即接听来电："王总您好！"王先生很惊讶地说："你怎么知道是我的电话？"我答道："王总的电话我保存在手机里面了！这样才能更好地为您随时服务啊！"王先生听了就笑了。此次沟通，了解到王先生已经说服了他太太，自己也在考虑当中。王先生随口又说，可能做按揭，让我把购车的相关费用列个明细发传真到他办公室。

5. 发微信

在常用的渠道中，面对面沟通是最好的，电话沟通最方便，而客户离开后，不方便接听电话或用语言表达效果不好的情况下，就可以充分发挥微信的作用。通常情况下，我们会用微信给客户发送车型图片、参数表、公众号链接等，让客户对我们的产品有进一步的了解。销售顾问在发送信息后，要及时与客户确认，资料是否清楚齐全，是否满足顾客需求。这样多次的沟通能增加交流的机会，进一步加深双方的了解，展示我们的专业和敬业。在与客户建立一定信任的情况下，再次与顾客沟通时，就可以不用那么官方，可以融入自己的情感，充分发挥个人在客户心中的影响力和信任度，与客户成为朋友。

案例简评：

根据客户王先生的要求，联系做按揭的专业人员后，我给客户发送了一份详细贷款购车按揭计划书：详细列明了相关费用，同时附带了贷款按揭购车流程图和贷款按揭购车要求列表，也不忘留下自己的电话，注明第几页或总页数，什么步骤找什么人，什么时间交什么费用，让客户对此一目了然。

按揭计划书发出之后，跟王总电话联系，再次确认是否清楚内容。临挂电话时告诉他："若有任何疑问，欢迎随时打电话给我。"王总笑着说："比较详细，估计用不着，让你费心了。"心中当时一亮，从王总之前所透露出的信息估计客户不会做按揭。

6. 寄送快递

寄送快递是以实物跟客户进行接触。快递内容包括产品资料、车型目录、车辆参数、车主杂志、报纸媒体摘编，以及贺卡、生日卡、祝福卡、小礼物、活动邀请函、参观券等，这些都是维系客户关系的一种渠道。这种方式经常会给客户带来意想不到的惊喜，让客户眼前一亮。而且通过邮递，可以把一些在电话中不方便说、展厅介绍来不及说也不能说全的资料让客户一览无余。

案例简评：

9 月下旬，通过和客户王先生助理的沟通，得知王先生想进一步了解车辆的有关情况。于是按照王先生提供的地址，给客户王先生寄去了详细的文字资料，包括两本车主杂志、一篇试驾报告、一份车型对比资料，并给客户送去了一封精美的祝福贺卡。

两天后，给王先生助理去了电话。他表示快递收到了，并转到王先生手中，王先生还随口说了句：这小子挺用心的。看得出，王先生对寄去的资料还是比较满意的。

7. 上门拜访

根据销售相关资料，上门拜访是成功率最高的一种客户跟进办法，但是同时成本相对高一些：时间消耗久，包括交通乘坐时间、等待客户的时间、洽谈的时间；费用开支大，交通费、停车费、通信费是一笔不小的开支；随机性、不确定性大，塞车交通拥堵，客户不在，临时有事外出，无法掌控自己的时间，会谈时间也不便于控制，经常会打乱访问计划。但是若上门拜访会见顺利，那就离成功不远了。上门拜访需要注意基本拜访礼节，注重自身形象，关注拜访对象，找好拜访理由，细心观察客户办公室的摆设及风格，了解客户习惯，透过现象分析客户，查看公司实力。

案例简评：

10 月上旬，得知客户已从新加坡回来，这几天正在深圳公司处理事务，于是想去拜访他。快到他写字楼楼下时，打电话给王先生："王总，我现正在您这附近办完客户的转款手续（找个借口），看时间还早，想拜访您一下，占用您几分钟时间。自从您上次到过展厅，虽然通了好多次电话，但再也没有见过您呢！您今天方便吧！”客户一听我就在楼下，就很自然地接受了见面。到王先生写字楼一看，装修得较有格调，办公家具一看就知道是知名品牌。且是中心区写字楼，卖价不低，心中大概就有数了。同时接下来的相谈甚欢，说等他喜欢的车型及颜色到了再通知他到展厅去看。上述活动也为下一步展厅约见埋下伏笔了。

8. 展厅约见

客户既然愿意预约来到展厅，表明他本人对此款车型已经有较大的购买意愿。销售人员此时就需要做好客户预约的相关准备：车辆的内外清洁，车座椅根据客户身高适当调节，还可以根据以往的交流估计出客户喜欢哪种风格的乐曲，准备好试音碟。同时也要想一想客户会提出哪些问题，以及合适的应对话术。同时，销售人员还应就此客户的基本情况跟其上级主管做详细的交代，以便双方配合默契。展厅约见的基本理由：有新车型到，有客户中意的颜色到，有新配置车型，邀请试乘试驾，店头促销活动邀请；只要有恰当的理由，客户若对此款车还有需求，他就会乐意前往。根据先前跟客户跟进沟通的情况，判断客户目前处在购买的何种阶段（初步了解—引起兴趣—车型比较—车辆异议—价格谈判—签约成交），做出不同阶段的应对方案。如客户再次约到展厅，他仍是处在车型比较阶段，那么谈话的重点就是从车辆横向/纵向进行比较。如品牌影响力比较、车辆配置比较、动力比较、操控比较、空间舒适性比较、油耗比较等，以及服务态度比较、专业知识比较、零配件供应比较、维修及时率比较，进行 SWOT 分析，让客户明白各种车型的优劣势。当然，比较的重点仍是客户所关注的问题。

案例简评：

10 月中旬，王先生希望购买的车已到货，于是通知客户到展厅看车。经过近 2 个月的跟进，基本判断出客户若颜色满意，就会交款签约了。所以，特别重视此次的展厅洽谈，事先跟展厅经理做了沟通，判断出客户来展厅洽谈的焦点就是价格问题，我们也估计到客户会给出什么样的价格，以及我们如何分步骤应对。

王先生来到展厅后，看到车辆清洗得干干净净，试驾一圈之后，我们的问题就马上转到价格洽谈上来了。王先生当着我们的面拿出了放在其后尾箱的现金。说：“车看好了，就这辆，如果这个价格可以，就可以马上交款，全款一次性交齐。不行，我还是去订别的车。我也到其他店问过了，价格至少比你们低 15 000 元。”情况果不其然，与我们预料得差不多，于是我们采取事先商量好的应对策略，经请示总经理之后顺利成交。

“兵无常形，水无常势。”在潜在客户的跟进过程中，我们应针对不同的情况，采取不同的策略，灵活运用几种方法，相信必会有收获。

表 1-4-7　汽车销售中客户案例

意向车型	YQKLL
客户信息	王先生，28 岁，4 年驾龄，工薪族，喜欢打篮球、旅游，合作型客户
情境描述	王先生和邓女士是一对情侣，两人均参加工作 4 年多，比较健谈。王先生是公司职员，邓女士是保险推销员。因工作需要，邓女士想购买一辆紧凑型车代步使用，之前没有专门到销售店看过任何一款车。在看车过程中，邓女士比较注重操作方便、外观及售后服务方面，王先生比较注重安全。但交流过程中提到，同事说日系的 SY 不错。

表 1-4-8　学习评价表

项目	评价内容	评价等级	
		分值	得分
专业能力	能准确、完整地分析潜在客户的信息	10	
	能根据客户的信息有效判断潜在客户类型	10	
	能制定合理的跟进方法	10	
	话术设计有创意，能结合线上、线下内容	10	
	能描述潜在客户跟进的办法、话术和说明理由	10	
职业素养	学习态度积极主动	10	
	遵守纪律，服从安排	10	
	小组配合默契，沟通有效，分工明确	10	
	按时完成工作任务，合理安排时间	10	
	遵守一体化教室 6S 管理规定，养成良好的工作习惯	10	
总分 100 分			
小组评价	做到了： 不足： 建议：	组长签名：	
教师评价与建议			

问题 8：（反思性问题）流失指潜在客户已不再选择从本店购买产品的行为，流失是无法避免的，优秀的销售顾问会从每一次的流失中吸取经验，从而不断提高自身的销售能力。常见的流失原因有（　　　）。（多选题）

A. 已购本品牌　　B. 已购其他品牌　C. 放弃购买　　D. 地域限制　　E. 无法联系

问题 9:（拓展性问题）在开发潜在客户的渠道中，线上渠道和线下渠道分别有哪些优势？

小提示

随着互联网的发展，线上+线下的 O2O 模式已成为目前汽车行业默认的未来终极渠道。在传统汽车厂商看来，尝试电商能够帮助自己打造更好的品牌塑造以及消费者用户体验，还避免了把部分利润分给汽车经销商。汽车电商的兴起让传统汽车厂商看到了新的机会，但对于在线下已经相当成熟的线下汽车行业，如何打通线上线下销售渠道，存在较大的困难。

备忘录

学习任务二　首次到店顾客接待

情境描述

某顾客来到某 4S 店，销售顾问按展厅接待要求对其进行了接待。经沟通后得知，该顾客想购买一辆家用轿车，现第一次到店看车。销售顾问通过观察、提问和倾听确定了顾客的需求后，有针对性地进行了车辆介绍。因顾客还需对比其他车型，销售顾问通过业务洽谈表的填写完善顾客信息，并送顾客离店。

学习目标

1. 能进行顾客首次到店不同情形的展厅接待；
2. 能分析顾客需求，完成需求分析表填写；
3. 能针对不同顾客类型特点，进行车辆介绍；
4. 能采用有效沟通方法，与顾客建立良好的关系；
5. 能总结顾客首次到店接待相关经验。

建议学时

30 学时。

学习活动

学习活动一	展厅寒暄接洽	6 学时
学习活动二	需求分析	12 学时
学习活动三	产品介绍	6 学时
学习活动四	首次到店顾客接待汇报	6 学时

学习活动一　展厅寒暄接洽

班级：________ 姓名：________ 组别：________ 日期：________ 成绩：________

情境描述

在完成销售接待的准备工作后，作为销售顾问的你需要进行展厅接待，请运用相关的技巧接待不同情形的到店顾客，给顾客留下良好的第一印象。

学习目标

1. 能处理顾客首次到店不同情形的展厅接待；
2. 能采用有效沟通方法，与顾客建立良好关系。

建议学时

6 学时。

资源准备

接待台、销售工具夹（含名片）、展车、饮料推车、饮品等。

学习准备

问题 1：当顾客走进展厅门口时，站在接待台前的你应__________迎接，面带____________，通常会说________________________________。

问题 2：在进行顾客交谈前，应做好自我介绍准备，图 2-1-1 为自我介绍示意图。请设计自我介绍话术：

小提示

自我介绍方式体现销售人员的经验、专业性以及替顾客考虑的程度，所以既要标准，又要尽可能给顾客留下深刻印象。

图 2-1-1　自我介绍示意图

问题 3：销售顾问每天都会接待到不同的顾客，不同的场景会采取不同的应对措施，图 2-1-2 为展厅场景图。请分析不同场景顾客的心理，并设计应对话术。

图 2-1-2　展厅场景图

场景 1：当在接待台站立时，看到一名顾客走进展厅四处张望，一会儿看看这辆车，一会儿看看那辆车。这时你会如何应对？

分析这类顾客的心理：

设计话术：

小提示

话术设计要求：① 主动与顾客打招呼；② 呈递名片，简单做自我介绍；③ 表明对方买不买车没关系；④ 为客户提供行动选择：逛逛、听讲解或休息。

场景 2：当站在接待台前时，你看到两名顾客走进展厅后扫视了一眼展厅，然后大步走向展厅中央的某车型，仔细地看着配置表，开始兴致地讨论该款车。这时你会如何应对？

分析这类顾客的心理：

设计话术：

小提示：

话术设计要求：① 赞美客户，让其感觉自己不一般；② 简单介绍车的特色，让客户感觉自己所看的车不一般；③ 鼓励客户去接触、体验汽车。

场景 3：当站在接待台前时，你看到一名顾客在展厅逛了许久，主动向顾客走去并询问是否需要帮助，可是顾客却提出："你别跟着我，我自己随便看看。"这时你会如何应对？

分析这类顾客的心理：

设计话术：

小提示

话术设计要求：① 尊重客户的选择，通过积极性的语言应对客户；② 留意观察客户，随时做好沟通的准备。

问题 4：当顾客想了解某款车型的相关信息时，你需主动邀请顾客到洽谈区。请描述具体包括哪些动作和话术？

关键动作：

话述：

问题 5：如果顾客需要离开，你将如何送别顾客？请描述具体包括哪些动作和话术？

关键动作：

话术：

计划与决策

问题 6：请各小组选择一种情形，组长安排组员进行展厅接待流程和话术设计，并给组员分配任务，填在表 2-1-1 中。

表 2-1-1 小组任务分配表

顾客信息和情景描述	
小组人员 分工	

实施与反馈

问题 7：根据展厅接待流程和话术（见【阅读材料 1】中表 2-1-2），各小组进行演练展示、点评和总结。将演练过程拍摄成视频并提交到学习平台。接待完成后，销售顾问填写表 2-1-3，点评人员填写表 2-1-4。

【阅读材料 1】

表 2-1-2 展厅接待常见话术参考

情景类型	话术举例
顾客走进展厅后四处张望	1. 您好，我是××店的销售顾问曹×，曹操的曹，您可以叫我小曹，这是我的名片，我干这一行已经 10 年了，无论在选车或用车方面，有什么疑问都可以咨询我，很乐意为您效劳！ 您是第一次到我们店吗？到这里就是我们的顾客，买不买车没有关系，我会尽我所能为您提供帮助。您是自己先看看熟悉一下，还是让我有重点地给您介绍？或者您可以先到休息区坐下来喝杯茶，我给您拿些资料看看？ 2. 您好，欢迎光临！今天是周末哦，最近老下雨，天总算晴了，您今天出来走动走动算是挑对了时间。我叫王×，这是我的名片，当然啦，您也可以叫我小黑，因为我的皮肤比较黑，很多人喜欢叫我小黑。您看是自己先熟悉一下环境，还是我带您看看车呢？或者到休息区坐一坐，喝杯茶，我给您拿些资料

续表

情景类型	话术举例
顾客有购买意向车型	1. 先生您好，您肯定懂车而且眼光独到，这款车是小型轿车中空间最大、同价位中配置最全的，它操纵灵活、动力也好，您可以打开车门感受一下车内的空间，看看它的配置。 2. 先生/女士，您真是非常有眼光，这款小型豪华轿车是我们品牌中最受欢迎的一款，车体造型和线条简洁、优雅。另外，它的车厢内做工更达到前所未有的高水平，制作和用料天衣无缝，要不，您可以坐进去体验体验！ 3. 先生，看来您是行家呀。这款车被评为“2021 年度最佳商务车”，它外形稳重大气，内饰经典大方，超大的车内空间宽松而且舒适，安全性能和动力性都非常出色
顾客表示先随便看看	1. 好的，那您自己先看看，熟悉一下展厅，买不买没关系，有什么问题请随时叫我，很乐意为您效劳。 2. 好的，那我不打扰您了，我在前面服务台整理一些资料，你有需要就叫我一声
顾客直接询问价格	这款车有 4 种不同的配置，车身价在 23.68 万元到 32.38 万元，要不到洽谈桌我给您详细介绍一下，您看可以吗？
顾客带着孩子过来	小朋友，我看你很喜欢这辆车，要不要上去坐坐，一会儿跟爸爸妈妈一起挑车，好吗？

表 2-1-3 来店顾客信息表

年　月　日

顾客姓名	进店时间	离店时间	意向车型	意向级别	来源渠道	销售顾问	备注
		—					

表 2-1-4 展厅接待学习任务评价表

考核内容	分值	考核点	______组 扣分项	得分
接待礼仪	20	对顾客表示欢迎；主动向顾客自我介绍和递交名片；能称呼顾客姓氏尊称；询问同行人员的称呼		
顾客关注	20	当顾客四处张望时向顾客询问是否需要帮助或讲解；当顾客提出了解某款车型有适当的赞美和引导体验；当顾客不需要帮助时不压迫顾客并告知去向，当顾客有需要时能即时上前		
提供服务	20	能正确使用引导手势，就座位置正确，为顾客拉扶椅子，主动提供 3 种或以上饮品供顾客选择，为顾客端上饮品，礼仪规范		
语言表达	20	口齿清晰、流畅；内容合理、符合逻辑性；用词准确；语音、语调、语气得当		
服务意识	10	注重以顾客为中心，氛围轻松、融洽，能主动为顾客提供服务，考虑问题周到		
职业素养	10	遵守一体化教室 6S 管理规定，养成良好的工作习惯		
总分 100 分				

	组别	评分	理由说明及建议
小组评价			

问题8：（反思性问题）销售顾问应该善用关键时刻去打动和感动顾客。在接待顾客时，为了给顾客留下良好的第一印象，需要注意（　　）。（多选题）

A. 热情主动地迎接；

B. 真诚地微笑；

C. 让顾客进入“舒适区”

D. 牢记顾客姓氏，并使用尊称“您”。

问题9：（拓展性问题）场景1：当顾客进入展厅的目的是问路、寻厕，你可以说：

场景2：当顾客进入展厅不是买车，而是要求要找你的同事，你可以说：

场景3：当顾客进入展厅的目的是想看看某种车，但展厅没现车，你可以说：

备忘录

学习活动二　需求分析

班级：________　姓名：________　组别：________　日期：________　成绩：________

情境描述

顾客来到展厅，一直在展厅内的几款车型之间徘徊，你进行了展厅接待。沟通过程中，顾客向你要这几款车的车型介绍，请你为该顾客做需求分析，为其推荐一款适合他的车型做准备。

学习目标

1. 通过观察提问并积极倾听，探寻顾客的需求；
2. 能分析顾客需求，完成需求分析表填写。

建议学时

6 学时。

资源准备

洽谈桌、手推车（含 3 种饮料）、销售工具夹、顾客需求评估表、实训展车等。

学习准备

问题 1：在与顾客沟通中，要了解顾客的需求是什么，其中，顾客购买的产品是________需求，顾客遇到和急需解决的问题的________需求。销售顾问要善于挖掘顾客内心隐藏的购买需求，以促成成交。

小提示

冰川理论是萨提亚家庭治疗中的重要理论，实际上是一个隐喻，它是指一个人的“自我”就像一座冰山一样。冰山既有露出水面以上的部分，也有隐藏在水面以下的部分。水面上面部分是显性的，就是顾客自己知道并能说出来的部分；水面以下是隐藏的部分，比较复杂，有的是顾客知道的但不愿意告知销售顾问的，有的可能是顾客自己都不知道的。冰山理论从另一个方面又可以理解为理性和感性方面的需求。理性需求包括产品本身、价格、动力等，感性需求涵盖更广，如自豪、大气、安全、乐趣、面子、健康、尊贵等。图 2-2-1 为冰川理论示意图。

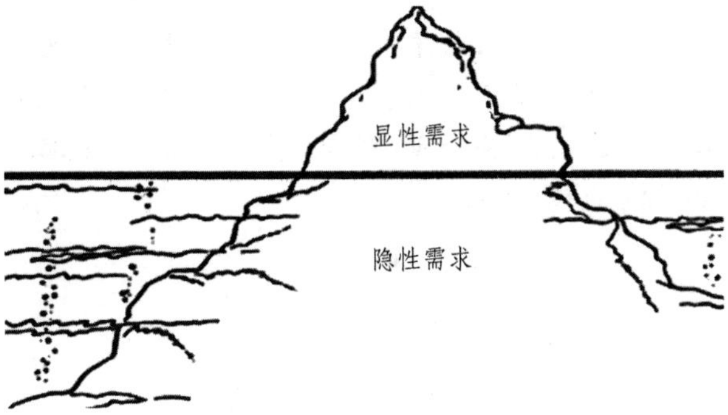

图 2-2-1　冰川理论示意图

问题 2：销售顾问每天要接待不同的顾客，他们对汽车消费的需求各具特点：

（1）青年人的需求特点：

（2）中老年人的需求特点：

（3）女性顾客的需求特点：

（4）男性顾客的需求特点：

问题 3：了解顾客的交际风格，针对不同个性的顾客采取针对性的沟通方式，能更好地取得顾客的好感和认同，从而有效拉近与顾客之间的距离。根据自制力和支配力的强弱，人的交际风格可分为威权型、分析型、合作型和表现型 4 种类型，如图 2-2-2 所示。试分析这 4 种类型顾客的特点及沟通技巧。

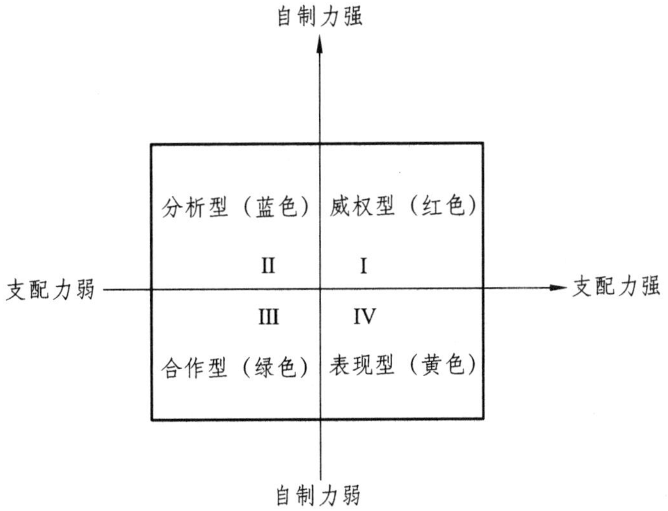

图 2-2-2　人的交际风格类型

小提示

通常顾客的风格不是单独的一种，而是表现为以一种风格为主色调，并辅以另一种风格为副色调，但红色与绿色、蓝色与黄色一般不并存。此外，由于工作环境和职务的不同，会表现出一些与其本身不一致的语言和行为，因此要全面观察，从自制力和支配力的强弱来进行判断。

（1）威权型顾客的特点及沟通技巧：

（2）分析型顾客的特点及沟通技巧：

（3）表现型顾客的特点及沟通技巧：

（4）合作型顾客的特点及沟通技巧：

问题 4：阅读【阅读材料 1】，思考销售顾问采用了哪些技巧了解顾客的需求（　　）。

A. 仔细观察　　B. 正确提问　　C. 积极倾听　　D. 随意回答问题

【阅读材料 1】

周六早上，销售展厅内走进来一男一女两名顾客，年龄 30 岁左右，女士气质不错，手拎一个名牌包；男士衣着正式，手拿着车钥匙，两人看起来十分亲密。他们一进门，销售顾问小张便主动迎接问候，但他们只是稍稍点点头，在店里看了看，就直奔展厅左边的 XT5。他们在车旁边很有兴致地聊起来，根本没有理会其他事情。

销售顾问小张跟随上前，面带微笑表示欢迎，并自我介绍，递上名片，同时询问："有什么可以帮到二位的吗？"

男士直截了当地说："这是新款 XT5 吧？多少钱？性能怎样？有哪些新配置，你给我们介绍介绍？"

小张认真地听着，点点头，回答道："先生，您真有眼光，这是我们最新款的 XT5 2.0T 风尚型，二位是想了解这款车？您看这大热天，二位专程跑一趟，不容易。要不二位先到洽谈桌，先请坐，我给二位倒杯水，关于车的价格和配置我再做详细的介绍。"说着，小张做出引导手势，将两位顾客引领到最近的洽谈桌就座。然后……

问题 5：当顾客将要进入展厅直至进入展厅时，销售顾问就要对顾客进行观察，对其做出初步的判断，请小组讨论，分析【阅读材料 2】，并填写表 2-2-1。

【阅读材料 2】

你在展厅值班，发现外面开来一辆粤 B××××的中型轿车，车上下来了一位 30 岁左右的小伙子，手拎着一个名牌女士包，随行的女子牵着一名小孩，小伙子看上去很威武，随同的还有两位老人，一家人有说有笑地走进了展厅。

表 2-2-1 讨论分析表

初步判断顾客信息	参考依据

小提示

优秀的销售顾问总是具有敏锐的观察力，善于从顾客的交通工具、陪同人群、衣着打扮、外表神态等方面来判断顾客的基本情况；在与顾客交谈时，也要从顾客的言谈举止中揣摩顾客心里的想法，正确判断顾客的来意与爱好，并有针对性地为顾客提供相关服务。当然，观察只是一个初步判断，对顾客的进一步了解还需要和顾客接触。

问题 6：汽车销售顾问在日常接待中，需要询问顾客称呼、现在开什么车、想看什么车，打算什么时候买车等信息，了解这些信息之后，才能有针对性地介绍适合顾客的车型，更好地与顾客沟通。思考在需求分析中，销售顾问应该如何了解顾客的信息，填写表 2-2-2。

表 2-2-2 需求分析清单

项目	信息内容	提问话术举例
个人信息	姓名、联系方式	
	职业、职务	
	兴趣爱好	
	家庭成员	
	其他	
用车经历	品牌车型	
	当初选购理由	
	不满意因素	
	其他	
购车信息	购车时间	
	选购车考虑的主要因素	
	对车型配置、颜色等的要求	
	谁是使用者	
	其他	

小提示

在汽车销售中，最常见的提问方式有开放式提问和封闭式提问两种。开放式提问可以用“5W2H”分析法对顾客进行提问，通常用于收集顾客信息；封闭式提问主要指用“是”或“不是”，“要”或“不要”，“有”或“没有”等简单词语来回答的提问，对于确认、澄清顾客的需求是非常有用的，同时也可以帮助销售顾问获取反馈信息，发现顾客的购买动机。但是，在提问过程中，不能过于生硬和直接，要把握好时机与尺度，轻松而自然地向顾客提问。

问题 7：对销售顾问而言，善于听比善于说更为重要，有效地听可以了解顾客的表面需求和潜在需求。请将“同理心地听、忽视地听、假装在听、全神贯注地听、有选择性地听”5 个听的层次进行排序。

小提示

积极地倾听应保持身体稍向前倾，以诚恳、赞美的目光注视顾客，还应主动地给予回应，与顾客互动，引发共鸣。积极主动的回应可以是肢体语言回应，如适当地点头；也可以是表达一些赞同的声音，如“是这样的”“对的”“哦”等；还可以适当地复述对方的话，如“您是说……”“您的意思是……”等。

计划与决策

问题 8：小组讨论，完成顾客背景设计和小组成员任务分配，填写表 2-2-3。

表 2-2-3　小组任务分配表

顾客背景设计	
小组人员分工	

问题 9：小组讨论，设计需求分析话术。话术设计中注意提问和倾听，了解顾客的信息要与顾客背景设计吻合。

实施与反馈

问题 10：根据【阅读材料 3】需求分析流程和设计话术，各小组进行演练展示、点评和总结。同时，根据接待时获取的信息，完成表 2-2-4，并拍摄演练视频，提交至学习平台，点评时完成表 2-2-5。

【阅读材料 3】

顾客需求分析参考话术

话术举例：

1. 购车决策者

销售顾问：张先生，您买车是您自己开吗？

顾　　客：不是，我先看看，主要是我太太开，我先圈定几款后再由她自己决定！

销售顾问：您真疼您太太呀！太太今天怎么没过来？

2. 购车使用者

顾　　客：这车有红色吗？

销售顾问：张先生，这次选车主要是您开呢还是家人开呢？

顾客：是买给我太太的，她喜欢红色。

3. 购车时间

顾　　客：我还在犹豫呢，不知道来不来得及。

销售顾问：张先生，您大概什么时候需要用车呢？

4. 心仪车型

销售顾问：这次主要想了解哪一款车型呢？

顾　　客：随便看看。

5. 购车侧重点

销售顾问：张先生，想请教下您，您选车最主要考虑哪方面的因素呢？

顾　　客：当然什么都重要，不过最重要的是售后服务要好！

6. 购车使用目的

销售顾问：张先生，为了让您选择更心仪的车，想请教您买车的主要用途是什么呢？

顾　　客：我买车主要用来上下班，偶尔出去，有部车更方便点。

销售顾问：确实是，现在上下班有部车方便多了。

7. 购车预算

销售顾问：张先生，为了让您更好地选到心仪的车，想向您了解下，您大概想要选什么价位的车呢？

顾　　客：10 万左右吧，主要代步用。

销售顾问：好的。

8. 如何知道本店

销售顾问：今天周末跟太太出来逛逛，我们店还好找吧？

顾　　客：我们刚好路过，看到零首付购车，就过来看看。

9. 购车方式

销售顾问：张先生，您这次是打算一次性付款购车还是按揭购车呢？

顾　　客：按揭吧。

10. 竞争车型

销售顾问：之前有了解过其他车型吗？

顾　　客：在网上查了下，也没有具体了解什么车型。

11. 顾客职业

销售顾问：您的气质真好，您是老师吧？

顾　　客：嗯，我就在隔壁中学。

销售顾问：那可是我们市的重点中学，您一定非常厉害！

表 2-2-4　顾客需求评估表

建档日期：　　　　　　　　　　　　　　　　　　　　销售顾问：

<table>
<tr><td rowspan="4">顾客信息</td><td>姓名/公司</td><td colspan="4"></td><td colspan="2">性别：□男　□女</td></tr>
<tr><td>地　　址</td><td colspan="6"></td></tr>
<tr><td>联络电话</td><td>（手机）：</td><td></td><td>（固话）：</td><td></td><td>顾客职业</td><td></td></tr>
<tr><td>附　　注</td><td colspan="6">□新购　□换购　□增购</td></tr>
<tr><td rowspan="14">购车需求</td><td>信息来源</td><td colspan="6">□报纸　□电视　□广播　□杂志　□夹报　□传单　□外展　□网络　□亲友介绍
□其他：</td></tr>
<tr><td>新车用途</td><td colspan="6">□车主上下班自用　□休闲用车　□营业用车　□公司用车　□其他：</td></tr>
<tr><td>考虑车种</td><td colspan="6">□　　　　　　　　　　　　□</td></tr>
<tr><td>使　用　者</td><td colspan="6">□本人用车　□公司用车　□公司主管座车　□其他：</td></tr>
<tr><td rowspan="2">考虑因素</td><td colspan="6">□外形　□配备　□安全　□操控　□省油　□性能　□售后服务　□口碑
□购车方式</td></tr>
<tr><td colspan="6">□促销优惠　□其他：</td></tr>
<tr><td>精品加装</td><td colspan="6">□防爆膜　□装饰条　□电动尾门　□倒车雷达　□行车记录仪　□其他：</td></tr>
<tr><td>购买方式</td><td colspan="2">□现金购买　□分期购买</td><td colspan="2">预计首款：</td><td colspan="2">预计月付款：</td></tr>
<tr><td>上牌方式</td><td colspan="2">□公司　□个人</td><td colspan="4">上牌区域：</td></tr>
<tr><td>试车安排</td><td colspan="6">□今日　□预约时间：　　　年　　　月　　　日　　　时</td></tr>
<tr><td>购车决定</td><td colspan="6">□今日　□本周内　□本月内　□两个月内　□三个月内　□其他：</td></tr>
<tr><td>保险需求</td><td colspan="6"></td></tr>
<tr><td rowspan="2">附注</td><td colspan="2">新车乘客数：　　　人</td><td colspan="2">家庭人员数：　　　人</td><td colspan="2">小孩：　　　人</td></tr>
<tr><td colspan="6">决策者：</td></tr>
<tr><td rowspan="3">比较车型</td><td>品　牌 1</td><td colspan="2"></td><td>车　型</td><td colspan="2"></td></tr>
<tr><td>品　牌 2</td><td colspan="2"></td><td>车　型</td><td colspan="2"></td></tr>
<tr><td>考虑因素</td><td colspan="6">□外形　□价格　□安全　□操控　□省油　□动力　□售后服务
□口碑　□配备　□整体价值　□促销优惠　□其他：</td></tr>
<tr><td rowspan="2">其他</td><td>来店人数</td><td colspan="2">□1 人　□2 人
□3 人（含）以上</td><td>接待时间</td><td colspan="2"></td></tr>
<tr><td>备注</td><td colspan="6"></td></tr>
<tr><td colspan="2">预订下次拜访时间</td><td colspan="6"></td></tr>
<tr><td colspan="2">主　管　审　阅</td><td colspan="6"></td></tr>
</table>

表 2-2-5　需求分析学习评分表

考核内容	分值	考核点	______组 扣分项	得分
接待礼仪	10	着装规范，引导手势正确，符合商务接待礼仪规范；提供 3 种以上饮品，展示待客之道		
需求分析	20	主动询问顾客的购车需求；认真听取顾客的需求		
	10	总结顾客需求并推荐车型		
语言表达	20	口齿清晰、流畅；内容合理、符合逻辑性；用词准确；语音、语调、语气得当		
服务意识	20	注重以顾客为中心，能主动为顾客提供服务，考虑问题周到		
职业素养	20	遵守一体化教室 6S 管理规定，养成良好的工作习惯		
总分 100 分				

小组评价	组别	评分	理由说明及建议

问题 11：（反思性问题）有多名顾客结伴进入展厅，你将如何找出目标顾客，探寻其需求，在接待过程中会如何照顾其同伴？

问题 12：（拓展性问题）在与顾客交谈的过程中，如何才能更有效地获得顾客的信息？

小提示

有效获得顾客信息的办法之一是通过赞美顾客与顾客拉近关系。每个人都喜欢听赞美自己的话，尤其喜欢那些明确表达喜欢他们的人。因此，赞美是迅速拉近交际距离的好办法。赞美不是谄媚，而是真诚地欣赏。只有让顾客心情舒畅，顾客才会将自己的真实想法告诉你。在赞美的促动下，我们可以让顾客高谈阔论，也可以更有效地与顾客讨论问题，谈论他们的喜好、思想以及感兴趣的事。通过这些，你就会知道他们喜欢什么，不喜欢什么，能更精准地判断顾客需求倾向，找到顾客的需求。因此，在销售活动中，要使顾客相信你喜欢他们，就必须要学会赞美顾客。

赞美是一门学问，如果要让顾客在赞美中感受到真诚和快乐，并最终将真诚和快乐转化为销售助力，需要注意以下事项。

（1）发自内心，真诚地赞美。

每个人都喜欢被人赞美，但只有发自内心地赞美才能打动人。如果赞美不真诚，会让顾客觉得很虚伪，从心理上产生隔阂、疏离感，不信任销售顾问，反而不利于沟通。

（2）要及时赞美顾客显而易见的优点。

销售顾问赞美顾客的亮点或优点，是实实在在存在顾客身上的，要有说服力，言而有据，不然会让人感觉是在拍马屁，献殷勤，而且要赞美及时，要让顾客感受到销售顾问的真心。

（3）客观赞美，不可过分热情。

赞美顾客时，要有欣赏的态度，但不要过分热情，会让顾客觉得你另有所图，产生戒备心理。

（4）可以采用提问式赞美。

提问式的赞美可以使顾客更愿意表达自己的想法和看法。例如：如果说“您的皮肤真好”这样简答的陈述，对方会用一句“谢谢”就结束谈话。如果说“您可以给我分享一下您的皮肤为什么这么好吗？”顾客就会分享心得，从而将讨论持续下去。尤其对于这些你比较尊重的人，你的夸赞更加需要以求教的态度和提问的方式来表达。

备忘录

学习活动三　产品介绍

班级：________　姓名：________　组别：________　日期：________　成绩：________

情境描述

在完成了顾客需求分析后，你将进行产品介绍。在产品介绍过程中，你能结合顾客的购车需求，灵活应用技巧有效地帮助顾客全面了解产品信息，认同产品，解决和满足顾客的需求，进而使顾客产生购买欲望。

学习目标

1. 能根据顾客需求进行车辆的六方位介绍；
2. 能合理运用 FABE 法则、构图讲解法进行产品介绍；
3. 能与小组成员共同制定产品介绍方案并展示；
4. 能与顾客进行有效沟通。

建议学时

6 学时。

资源准备

展车、洽谈桌、饮料推车、饮品、销售工具夹、产品资料、互联网资源等。

学习准备

问题 1：六方位介绍法是指在介绍车辆特征时，销售人员首先引导顾客站在展车左前方，然后按顺时针的方向，依次从六个方位介绍车辆。请将六方位的方位名写在图 2-3-1 中。

图 2-3-1　车辆六方位

小提示

六方位绕车介绍法在于全面系统地引导顾客了解产品，寻求顾客认同，鼓励顾客提问，鼓励顾客动手参与，并最终获取顾客的“芳心”。

问题 2：查询资料，选择某一款车型，分析每个方位所需讲解的重点，并进行话术举例，将表 2-3-1 六方位介绍内容填写完整。

表 2-3-1　六方位介绍

方位	具体位置	介绍重点	话术举例
第一方位	左前方 45°	介绍品牌荣誉奖项、产品的设计理念、整车设计风格、前脸设计等，从而突出该车品牌的知名度和美誉度，彰显该车为顾客所带来的地位、身份象征	
第二方位	发动机舱		
第三方位	乘客席侧	介绍车辆在安全方面的表现和精湛工艺，如侧面流线设计理念，钢板厚度和焊接工艺，前后制动能力以及悬架等	
第四方位	车后方		
第五方位	后排座	介绍车型的空间布局、色彩搭配、后排座椅的高档配置及音响效果等方面，突显车辆的内饰豪华与乘坐舒适	
第六方位	驾驶席	介绍车辆的操控性、功能性和驾驶乐趣	

问题 3：FABE 介绍法的概念。FABE 产品介绍法就是将产品的____________表述清楚，并加以解释、说明，从而引出它的____________及可以带给顾客的____________，并适时地展示足以让顾客置信的____________，进而使顾客产生购买动机。常用的句型是“因为（特点）……，可以（功能）……，对您而言（利益）……，您看（证据）……”或“因为（特点）……，可以（功能）……，对您而言（利益）……，您想想看（想象）……”，试采用 FABE 介绍法举例介绍产品，完成表 2-3-2。

表 2-3-2　FABE 介绍法举例

要素	介绍重点	举例
F（feature） 特征、特点	1. 这是什么样的产品？（卖点） 2. 性能、构造、功能、设计特点、使用材料、价格等	
A（advantage） 优点、作用	指对产品或服务所具备的优点，是对性能的进一步解释	
B（benefit） 利益、好处	1.利益的陈述是将优点翻译成更多的购买动机，告诉顾客产品是如何满足他们的需求的。 2. 顾客如何使用它，会有什么好处的	
E（evidence、-envision） 证据、想象	证据、想象	

问题 4：阅读【阅读材料 1】，试着用 FABE 产品介绍法介绍自发光式仪表盘和行李箱。

【阅读材料 1】

顾客到 4S 店准备购买一辆车，了解之后对某个车型比较感兴趣。当介绍到车辆轮毂的时候：

销售员 A："先生，我们这辆车采用的是铝合金轮毂。"（特性、功能）

销售员 B："先生，我们这辆车采用的是铝合金轮毂，相较于铸铁轮毂，强度更高，重量更轻，同时造价成本也更高。"（优势、优点）

销售员 C："先生，我们这辆车采用的是铝合金轮毂，相较于铸铁轮毂来说，强度更高，重量更轻，能够增加车辆的动力性能，有效降低油耗。"（利益）

销售员 D："先生，我们这辆车采用的是铝合金轮毂，相较于铸铁轮毂来说，强度更高，重量更轻，使用铸铁轮毂就像穿着厚重的皮鞋跑步，使用铝合金轮毂就像穿着轻便的跑鞋跑步，先生您想想看，两者相比较起来，哪一个跑得更快、更节省体力。"（冲击）

自发光式仪表盘：这款车采用自发光式仪表盘，灯光鲜艳生动，拥有渐显、渐弱的照明功能，仪表盘外饰板采用了翼状突起流线造型设计，中央的驾驶信息显示屏能自动分析显示您的各项行车数据，让您对爱车的行驶情况了如指掌。图 2-3-2 为自发光仪表盘示意图。

FABE 介绍法：

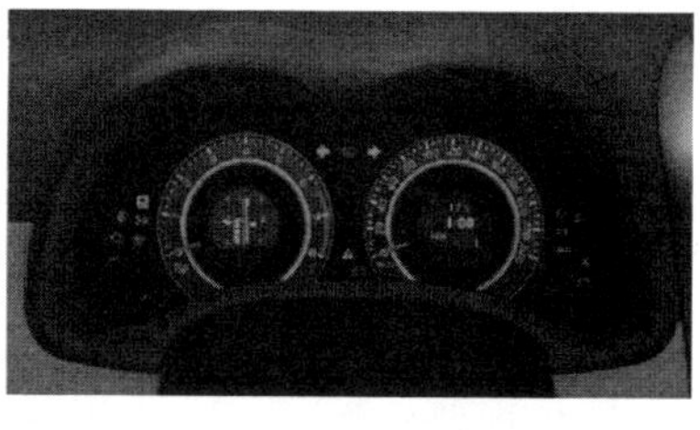

图 2-3-2　自发光仪表盘示意图

行李箱：拥有 450 L 的超大行李箱容积，如果将后排座椅放倒，更可容纳大而长的笨重行李，非常适合全家外出旅行或大量采购时放置物品的需求。图 2-3-3 为行李箱示意图。

FABE 介绍法：

图 2-3-3　行李箱示意图

小提示

在 FABE 介绍法中，销售顾问的介绍方式在顾客需求的基础上，能让顾客了解汽车产品的好处，并获得便利，直到顾客认为看上的产品是十分合适的，自己确实需要这辆车。

销售顾问在使用 FABE 汽车介绍法之前，首先要做好各项准备工作，比如：可以把各款车型的属性、作用、利益等罗列出来，做成 FABE 表；也可以让销售顾问按照一定逻辑顺序进行介绍，使产品的多个卖点更加突出，从而打动顾客。

问题 5：构图讲解法。根据所销售的产品提炼出有针对性的销售主题，构造一个应用情景，最后将这个主题与情景搭配起来，连缀成一个故事或生活场景。

计划与决策

问题 6：小组讨论，完成顾客背景设计和小组成员任务分配，填写表 2-3-3。

表 2-3-3　小组任务分配表

顾客背景设计	
小组人员分工	

问题 7：以小组为单位，根据顾客需求，结合产品介绍技巧和要领，设计产品介绍的方案。

实施与反馈

问题 8：以小组为单位，用角色扮演法进行车辆介绍的演练，每个小组均要求以拍摄视频的方式完成汽车六方位的介绍（每一方位选择介绍 1~2 个卖点），可轮换角色。各小组进行展示，点评和总结，并完成表 2-3-4。

表 2-3-4　产品介绍学习评价表

考核内容	分值	考核点	______组 扣分项	得分
接待礼仪	10	着装规范，仪容仪表仪态符合商务接待礼仪规范		
左前方介绍	10	介绍品牌荣誉奖项、产品的设计理念、整车设计风格、前脸设计等		
正前方介绍	10	介绍发动机的参数和技术特点，突出车辆的动力性和经济性		
乘客侧介绍	10	介绍车辆在安全方面的表现和精湛工艺等		
车后方介绍	10	介绍车辆尾部造型的设计理念和配置，车辆后部的空间大小以及排放标准		
后座舱介绍	10	介绍车型的空间布局、色彩搭配、后排座椅的高档配置及音响效果等		
驾驶席介绍	10	介绍车辆的操控性、功能性和驾驶乐趣等		
介绍技巧	10	结合竞争车型优劣势，运用 FABE 法、沟通讲解法、赞美等技巧与顾客沟通		
语言表达	10	口齿清晰、流畅；内容合理、符合逻辑性；用词准确；语音、语调、语气得当		
职业素养	10	遵守一体化教室 6S 管理规定，养成良好的工作习惯		
总分 100 分				

	组别	评分	理由说明及建议
小组评价			

问题 9:（反思性问题）当顾客对产品的了解比你更深入、更全面时，你将如何应对？

问题 10:（拓展性问题）张三是一名本科毕业生，通过应聘来到某汽车销售经销店从事销售工作，他对汽车的专业知识也花了很大的精力去学习，具有专业的销售知识，但是在实际工作中，张三却总是无法取得好的业绩，甚至还不如一些高中毕业的销售顾问，这使他很苦恼。例如，有一次，他接待了一位顾客，由于顾客对车并不了解，所以提出了很多不专业的问题，顾客的很多观点也不正确。张三针对顾客的问题进行滔滔不绝的讲解，全面纠正了顾客的观点，生怕顾客不知道他的专业水平高，还不时冒出一些专业术语，最后顾客随便看了一下车就告辞了。从此这个顾客就再也没有回来，而是到别的销售店购车。请分析为什么张三无法取得好的业绩？

小提示

一名汽车销售顾问在介绍产品的时候，不能漫无目的地向顾客介绍，也并不是介绍得越全面越好，而是要抓住顾客最主要的需求和喜好，在此基础上重点介绍产品的优势，有目的性、选择性、技巧性地传达产品的价值，满足顾客最渴望的需求，激发顾客的购买冲动。同时让顾客感受到这款车给他带来的便利，从而增加销售成功的概率。

【阅读材料 2】

产品介绍话术详见表 2-3-5。

表 2-3-5　产品介绍话术举例

方位	某品牌车型话术举例及图示
方位一：左前方 45°	1. 高穿透力的前雾灯 前雾灯独立位于“笑脸”两旁，令前脸表情更加生动，同时具有极高的穿透能力和非凡的照射能力，在恶劣天气中能有效提高前方能见度，为您指明方向。 2. 灵性锐利的前大灯 将远近光灯、示宽灯与转向信号灯三合为一的组合式前大灯，拥有外扩立体感的造型设计，照明效果更高，功能性更强，并可根据光线变化，自动点亮或熄灭，美感与实用性兼备。 
方位二：发动机室	1. 双 VVT-i 直列四缸发动机 这款车装备的是最新研制开发的双 VVT-i（进、排气门智能正时可变控制系统）直列四缸发动机，进一步提高了扭矩、输出功率和燃油经济性 3 项指标，实现了低转速、高扭矩和低油耗、高功率的完美统一，同时极大地提升了发动机的响应性，将每一分力量平顺地传递至部件深处，时刻保证强劲动力。 2. 行人保护 这款车的发动机舱盖采用纵梁结构，断面采用缓冲构造，减少了发生碰撞时对行人头部的伤害。同时对前保险杠前端进行了加固，并在水箱支架下部安装了缓冲装置，减少了发生碰撞时对行人腿部的伤害。 3. 可承受时速 15 千米撞击的前车身 这款车采用了可承受时速 15 千米撞击的前车身结构，发动机舱内部结构的设计加强了安全性，在经受时速 15 千米以下的撞击时，能将车身前缘各部分的损伤降到最低。 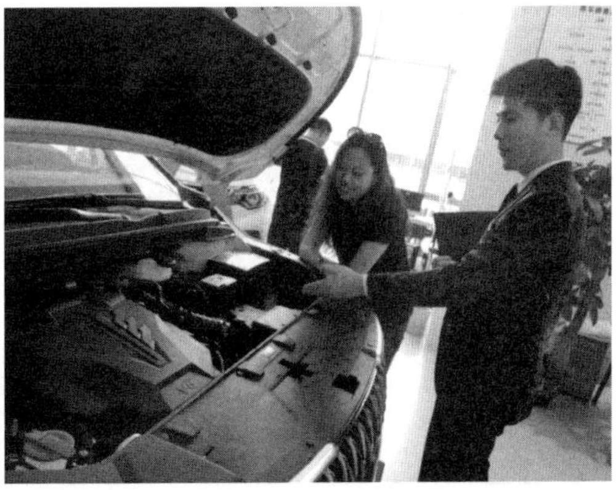

<table>
<tr>
<td>方位三：乘客一侧</td>
<td>
1. GOA 安全车身构造
这款车采用××所特有的 GOA 安全车身，在遇到前方、侧方及后方碰撞时，车身能够有效地吸收冲击能量，并在发生危险时为双方带来周全的安全保障。
2. VSC（车身稳定控制系统）
VSC 系统能够在车辆发生侧滑时，对 4 个车轮的制动力以及发动机的输出功率进行自动控制，以保持车辆行驶的稳定性。
3. BA（刹车辅助系统）
BA 装置会在制动时根据作用于制动踏板的速度和力量的大小，自动判断是否为紧急制动。当判断为紧急制动时，系统便会自动产生强大的制动力，使车辆能尽快停止，减少了紧急制动时因不能产生强大制动力而使车辆无法在短距离内停止并发生危险的可能性。
4. 侧部车身设计
这款车侧面采用了高[illegible]线设计，凸显尊贵气质，可与高级车相媲美。同时通过对车身表面和底盘的平整化设[illegible]，实现了超低风阻空气动力学性能，风阻系数（Cd）仅为 0.28，在同级车中最优。
5. 轮胎和轮毂
（1.6L）重量轻、散热性[illegible]的 15 英[illegible]合金轮毂结合 195/65R15 轮胎，令整个车轮抓地性更强，行驶更稳定[illegible]动感出众。

</td>
</tr>
<tr>
<td>方位四：后部</td>
<td>
1. 行李箱
拥有 450 L 的超大行李箱容积，如果将后排座放倒，更可容纳大而长的笨重行李，非常适合您全家外出旅行或大量采购时放置物品的需求。
2. 组合尾灯
组合尾灯将制动灯、倒车灯、后雾灯和转向信号灯巧妙整合，造型独特美观，动感华丽，行驶时更色彩绚烂耀眼，尊显高贵。
3. 不锈钢排气尾管
不锈钢排气尾管隐藏在后保险尾杠的右下方，既尊重了后方车辆和行人，又强化了整体的美观，并有利于降低风阻系数，提高燃油经济性。
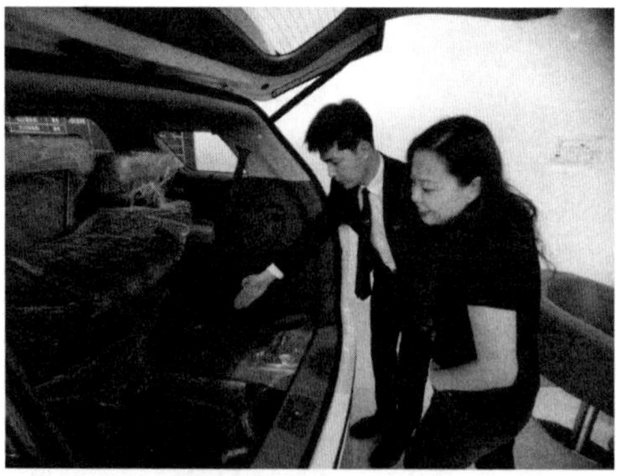
</td>
</tr>
</table>

方位五：内部	1. 后车窗遮阳帘 后车窗设置了遮阳帘，能够遮挡后方照射进来的阳光，炎炎夏日让车内更加凉爽，并可确保驾乘人员的私密性。 2. 后排座椅安全锁 后排的座椅上设置了安全锁，只要按下锁定按钮，就可以将后排座椅完全固定，给乘客最细致的安全保护，同时避免不必要的财产损失。 3. 可折倒式后排座椅 这款车后排座椅可按6:4放倒，与行李箱相通，可拥有更大储物空间来容纳大件物品或较宽较大物品。 
方位六：驾驶室	1. 自动发光式仪表盘 这款车采用自发光式仪表盘，灯光鲜艳生动，拥有渐显、渐弱的照明功能，仪表盘外饰板采用了翼状突起流线造型设计，中央的驾驶信息显示屏能自动分析显示您的各项行车数据，让您对爱车的行驶情况了如指掌。 2. EPS电子助力转向系统 先进的电子传感器可感应车辆行驶速度与方向盘的转动角度，自动提供可靠的转向助力。无论是停车、低速或是高速行驶时，都能提供可靠的转向助力。当车辆在直线行驶时，系统不消耗任何能量，能有效提升燃油经济性。 3. SRS安全气囊 这款车配备了前排两级式双SRS空气囊、侧部SRS空气囊及窗帘式SRS空气囊。当车辆发生猛烈撞击时，空气囊会迅速展开，对驾乘人员提供最大限度的保护。 4. 音响系统 6碟连放的CD音响主机免去了频繁换碟的麻烦，可兼容MP3、WMA等多种格式，让您尽享音乐带来的乐趣。同时还兼具数码收音机功能，能够准确搜索设定广播频段，信号更加稳定。LIVE音响装置加强了低音效果，配合6音箱系统，给乘客带来环绕立体声的震撼感受。 5. 语音电子导航系统（带蓝牙装置） 这款车的DVD语音电子导航系统拥有丰富的检索、存储记忆功能，可以轻松记录并随时调出以往设定过的行车路线。同时，32000色的7英寸触摸式信息显示屏使画面更加清晰逼真。另外，DVD语音电子导航系统带有蓝牙免提装置，可以在手不离方向盘的情况下通过音声识别进行控制操作，十分便利。 6. 上下坡逻辑控制系统 自动变速箱具有上下坡逻辑换挡控制功能，能根据道路状况与驾驶员的驾驶意图，自动提供换挡调节，保证了最佳的行驶舒适性与便利性。 

备忘录

学习活动四　首次到店顾客接待汇报

班级：________　姓名：________　组别：________　日期：________　成绩：________

情境描述

某顾客来到某 4S 店，销售顾问按展厅接待要求对其进行了接待，经沟通后得知该顾客想购买一辆家用轿车，现第一次到店看车。销售顾问通过观察、提问和倾听确定了顾客的需求后，有针对性地进行了车辆介绍。因顾客还需对比其他车型，销售人员通过业务洽谈表的填写完善顾客信息，并送顾客离店。

学习目标

1. 能制定顾客展厅接待方案；
2. 能针对顾客到店不同情形完成顾客展厅接待；
3. 能分析顾客需求，规范填写需求分析表；
4. 能描述车辆介绍技法，并进行车辆介绍；
5. 能团队合作，系统地对学习成果进行展示、汇报。

建议学时

6 学时。

资源准备

销售工具夹（名片）、接待台、洽谈桌、饮料推车、饮品、展车、顾客需求评估表、产品资料等。

学习准备

请组长根据小组情况，合理安排角色，并填写任务分配表（见表 2-4-1）。

表 2-4-1　任务分配表

组名		组长	
任务分工			

计划与决策

问题 1：顾客背景设计：

问题 2：顾客首次进店接待设计：

问题 3：顾客需求分析设计：

问题 4：产品介绍设计：

实施与反馈

问题 5：根据首次到店接待流程和设计话术，各小组进行演练展示，完成表 2-4-2，展示后进行点评和总结。根据 2-4-3 填写 2-4-4，并将演练视频提交到学习平台。

表 2-4-2　顾客需求评估表

建档日期：　　　　　　　　　　　　　　　　　　　　　　　销售顾问：

<table>
<tr><td rowspan="4">顾客信息</td><td>姓名/公司</td><td colspan="4"></td><td colspan="2">性别：□男　□女</td></tr>
<tr><td>地　　址</td><td colspan="6"></td></tr>
<tr><td>联络电话</td><td>（手机）：</td><td></td><td>（固话）：</td><td></td><td>顾客职业</td><td></td></tr>
<tr><td>附　　注</td><td colspan="6">□新购　□换购　□增购</td></tr>
<tr><td rowspan="14">购车需求</td><td>信息来源</td><td colspan="6">□报纸　□电视　□广播　□杂志　□夹报　□传单　□外展　□网络　□亲友介绍
□其他：</td></tr>
<tr><td>新车用途</td><td colspan="6">□车主上下班自用　□休闲用车　□营业用车　□公司用车　□其他：</td></tr>
<tr><td>考虑车种</td><td colspan="3">□</td><td colspan="3">□</td></tr>
<tr><td>使　用　者</td><td colspan="6">□本人用车　□公司用车　□公司主管座车　□其他：</td></tr>
<tr><td>考虑因素</td><td colspan="6">□外形　□配备　□安全　□操控　□省油　□性能　□售后服务　□口碑
□购车方式　□促销优惠　□其他：</td></tr>
<tr><td>精品加装</td><td colspan="6">□防爆膜　□装饰条　□电动尾门　□倒车雷达　□行车记录仪　□其他：</td></tr>
<tr><td>购买方式</td><td colspan="2">□现金购买　□分期购买</td><td colspan="2">预计首款：</td><td colspan="2">预计月付款：</td></tr>
<tr><td>上牌方式</td><td colspan="2">□公司　□个人</td><td colspan="4">上牌区域：</td></tr>
<tr><td>试车安排</td><td colspan="6">□今日　□预约时间：　　　年　　　月　　　日　　　时</td></tr>
<tr><td>购车决定</td><td colspan="6">□今日　□本周内　□本月内　□两个月内　□三个月内　□其他：</td></tr>
<tr><td>保险需求</td><td colspan="6"></td></tr>
<tr><td rowspan="2">附注</td><td colspan="2">新车乘客数：　　　　人</td><td colspan="2">家庭人员数：　　　　人</td><td colspan="2">小孩：　　　　人</td></tr>
<tr><td colspan="6">决策者：</td></tr>
<tr style="display:none"><td></td></tr>
<tr><td rowspan="3">比较车型</td><td>品　　牌 1</td><td colspan="2"></td><td>车　　型</td><td colspan="3"></td></tr>
<tr><td>品　　牌 2</td><td colspan="2"></td><td>车　　型</td><td colspan="3"></td></tr>
<tr><td>考虑因素</td><td colspan="6">□外形　□价格　□安全　□操控　□省油　□动力
□售后服务　□口碑　□配备　□整体价值　□促销优惠　□其他：</td></tr>
<tr><td rowspan="2">其他</td><td>来店人数</td><td colspan="2">□1 人　□2 人
□3 人（含）以上</td><td>接待时间</td><td colspan="3"></td></tr>
<tr><td>备注</td><td colspan="6"></td></tr>
<tr><td colspan="2">预订下次拜访时间：</td><td colspan="6"></td></tr>
<tr><td colspan="2">主　管　审　阅：</td><td colspan="6"></td></tr>
</table>

表 2-4-3 考核评价表

考 核	基本评核项	权重	得分	备注
售前准备（20分）	做好充分准备	10		
	着装规范、整洁	5		
	携带销售工具夹	5		
寒暄接洽（15分）	面带微笑，问好，并做自我介绍	5		
	适当与顾客寒暄，投其所好	5		
	引导入座，提供饮品	5		
需求分析（25分）	应用5W2H，了解顾客需求，顺畅询问顾客信息和购车意向	15		
	认真倾听顾客需求，不打断顾客讲话	5		
	总结顾客需求，获得顾客认同	5		
产品介绍（25分）	适当时候推荐明确车型	5		
	结合顾客用车需求灵活使用六方位介绍法	5		
	使用FABE、构图讲解法强化产品优势	5		
	运用正面语言、话术描述车辆，没有错误	5		
	随时关注顾客对产品的异议，并有技巧地回答顾客提问	5		
礼仪规范（15分）	接待、引导礼仪规范得体	3		
	精神面貌佳，声音洪亮、清晰	4		
	适时赞美顾客，用词贴切	5		
	在交谈过程中，始终尊称顾客	3		

表 2-4-4 首次到店顾客接待团队评价表

组别	人员	评分	平均分	理由说明及建议

问题 6:（反思性问题）在演练中，有哪些不足和需要改进的地方？

问题 7:（拓展性问题）在接待中，如何与顾客保持良好的距离，请谈谈你的看法。

备忘录

学习任务三　二次到店顾客接待

情境描述

某顾客不久前曾来过4S店，对某车型有明确的购买意向，因多方面的原因导致当时未成交。销售顾问根据顾客的需求，初步制订方案，再次邀约此顾客二次到店参加活动和试车。当顾客到店后，销售顾问参照顾客接待规范和流程进行接待，引导顾客试乘试驾，进行车辆的动态介绍，试车后填写试乘试驾意见表，及时解决顾客异议；并借助汽车配置报价表建议成交；通过探寻顾客需求，完成竞品分析，处理顾客异议，达成一致后填写购车合同，收取订金及相关资料，并按要求送别客户。

学习目标

1. 能通过电话邀约顾客二次到店；
2. 能熟练执行展厅标准接待流程；
3. 能邀约顾客进行试乘试驾，按标准完成试乘试驾流程；
4. 能搜集竞争对手产品的优劣，并说明解决方案；
5. 能把握成交时机，总结顾客需求，处理顾客异议，及时建议成交；
6. 能根据顾客需求进行报价，并做简单说明；
7. 能正确填写订车、购车、按揭合同，并做简单说明；
8. 能系统地对学习成果进行展示、汇报。

建议学时

30学时。

学习活动

学习活动一	邀约顾客到店	6学时
学习活动二	试乘试驾	6学时
学习活动三	异议处理	6学时
学习活动四	报价成交	6学时
学习活动五	顾客二次到店接待汇报	6学时

学习活动一　邀约顾客到店

班级：________　姓名：________　组别：________　日期：________　成绩：________

情境描述

某顾客很满意你上次的接待，并对介绍的车型有点动心。你将借助最近店内促销活动，致电给顾客，并主动邀请顾客到店参加活动和试车，以便更好地了解车辆性能。

学习目标

1. 能做好电话邀约准备工作；
2. 能参照汽车电话营销流程和技巧，电话邀约顾客到店；
3. 能灵活、有效地处理电话营销过程中遇到的顾客异议；
4. 能激发顾客对产品或服务的兴趣，促使顾客到店。

建议学时

6 学时。

资源准备

咨询台、电话机、电话信息记录表等。

学习准备

问题 1：请描述电话邀约的步骤、具体工作及注意事项，填写表 3-1-1。

表 3-1-1　电话邀约内容

电话邀约步骤	具体工作	注意事项
电话前		
电话中		
电话后		

小提示

当面对已经接触过的顾客，更要表现出对他们的尊重和热情，像对待朋友一样，把购车过程当作帮助他们解决问题的过程。只有这样，顾客才更加愿意相信你，认可你，从而促成交易。此外，还要明确，电话邀约的目的不是卖车，而是引起顾客的兴趣，到店体验。

问题 2：作为一名销售顾问，当顾客询问某一款车的价格时，你会告诉顾客该款汽车的优惠价格吗？为什么？

问题 3：小组讨论，在电话邀约过程中，如何应对常见的顾客异议？（见表 3-1-2）

表 3-1-2 顾客异议的应对

序号	常见异议	应对策略
1	竞争车型优惠力度较大	
2	没时间去 4S 店	
3	没有现车，但着急要车	
4	暂时没有购车计划	
5	……	

计划与决策

问题 4：根据设计的情形，写出电话邀约话术。

实施与反馈

问题 5：根据展厅接待流程和设计话术，各小组进行演练展示、点评和总结，并填写表 3-1-3 和表 3-1-4。将演练过程拍摄下来，并将视频提交到学习平台。

表 3-1-3　电话信息记录表

日　　期		销售顾问	
顾客姓名		通话人	
电话号码		通话时间 （时段）	
通话内容			
通话结果			
备　　注			

表 3-1-4　电话邀约学习任务评价表

考核内容	分值	考核点	____组 扣分项	得分
接待礼仪	10	着装、动作规范，符合商务接待礼仪规范		
电话接听与应对	5	铃响 3 声内（彩铃 10 秒内）接听电话		
	5	电话接听后，进行自我介绍，问候，询问称呼		
	5	完整地介绍店内销售活动、促销信息，邀约顾客，并记录		
	5	能及时回答顾客提问，表现自然，有礼貌，有技巧		
	5	电话结束前确认邀约情况及提醒相关信息		
	5	电话结束前表示感谢，等顾客挂电话后再挂电话		
语言表达	20	口齿清晰、流畅；内容合理、符合逻辑性；用词准确；语音、语调、语气得当		
服务意识	20	注重以顾客为中心，能主动为顾客提供服务，考虑问题周到		
职业素养	20	遵守一体化教室 6S 管理规定，养成良好的工作习惯		
总分 100 分				

小组评价	组别	评分	理由说明及建议

问题 6:（反思性问题）小组讨论，有哪些技巧能提高电话邀约成功率？

问题 7:（拓展性问题）电话结束后，为什么要给顾客发送短信？同时，请为你本次演练的顾客编写一条短信。

备忘录

学习活动二　试乘试驾

班级：________ 姓名：________ 组别：________ 日期：________ 成绩：________

情境描述

做好试乘试驾准备后，你通过试乘试驾环节，对车辆进行动态介绍，让顾客更深入地了解车辆的卓越性能，激发顾客购买欲望，并借助试乘试驾意见表，了解顾客异议，达成成交意向。

学习目标

1. 能邀约顾客进行试乘试驾，并做好试乘试驾前准备工作；
2. 能引导顾客完成试乘试驾，并做好车辆动态介绍，激发顾客购买欲望；
3. 能正确引导顾客填写试乘试驾意见表。

建议学时

6 学时。

资源准备

展车、洽谈桌、饮料推车、饮品、销售工具夹、试乘试驾路线图展架、试乘试驾登记表、试乘试驾意见表等。

学习准备

问题 1：作为一名销售顾问，不能打无准备的仗，在试乘试驾前应怎样做好准备工作？

车辆准备：

人员准备：

文件资料准备：

路线准备：

小提示

试乘试驾环节是顾客接触车辆、树立[illegible]印象的[illegible]刻，每一位销售顾问必须做好充分准备。在顾客试乘试驾前销售顾问应准备好试乘[illegible]录表、试乘试驾登记表、试乘试驾协议书；检查车辆，保证各项功能处于最佳状态；[illegible]洗车辆、安排好行驶路线，一定要确保安全；试驾人员一定要有驾照并且技术熟练；试驾前应先询问顾客驾龄和是否带驾驶证，驾龄需满一年以上且驾驶证在有效期内，如果顾客没带驾驶证，可出示有效的电子驾照并转发给销售顾问打印，如果顾客无法提供有效驾驶证或者驾龄不符合则告诉顾客只能试乘，登记顾客信息并让其在试乘试驾须知上签字；如果顾客满足试驾条件，登记顾客信息，让顾客在试乘试驾须知上签字并复印其驾照；驾驶前要给顾客讲车的各功能如何使用、行驶路线、大概时间、注意事项。

问题 2：请将下列试乘试驾流程的内容分别填在表 3-2-1 中，并描述注意事项。

A. 准备工作　　B. 填写同意书　　C. 车辆归位　　D. 说明路线及流程
E. 试乘　　F. 邀约顾客试乘试驾　　G. 驾驶体验意见　　H. 换手
I. 复印驾驶证　　J. 试驾　　K. 车辆准备　　L. 填表
M. 尝试促进成交

表 3-2-1　试乘试驾流程

流程动作	流程要点
试乘试驾前	
试乘试驾时	
试乘试驾后	

问题 3：试乘和试驾的要点分别是：

计划与决策

问题 4：小组讨论，完成顾客背景设计和小组成员任务分配，填写表 3-2-2。

表 3-2-2 小组任务分配表

顾客背景设计	
小组人员分工	

问题 5：以小组为单位，结合试乘试驾流程和要点，设计试乘试驾方案。

（1）试乘试驾前的步骤及话术（形式可多样）：

（2）根据试乘试驾的步骤，完成话术。

起步前交流：

试乘：

换手：

试驾：

停车：

（3）根据试乘试驾后的步骤，完成话术。
引导顾客回展厅：

引导顾客填写试乘试驾意见表：

销售顾问趁热打铁，总结顾客需求和车型优点，及时建议成交：

实施与反馈

问题 6：以小组为单位，用角色扮演法进行试乘试驾的演练，每个小组均要求完成试乘试驾前、试乘试驾时和试乘试驾后的展示，可轮换角色。演练过程中，签署试乘试驾协议书（见表 3-2-3），填写试乘试驾意见表（见表 3-2-4），并填写试乘试驾学习评价表（见表 3-2-5）。演练完成后，将演练视频提交到学习平台。

表 3-2-3 试乘试驾协议书

尊敬的顾客：

您好！为了让您能亲身体验该品牌车型的舒适、安全以及整车的操控性能和优异配置，特将试乘试驾有关事宜向您告知，请仔细阅读：

一、试乘试驾车型没有任何质量瑕疵，并适合进行试乘试驾活动。

二、您需向我公司保证您本人具有一年以上的驾龄，并持有正式的驾驶证件，且身体健康无重大疾病，适合进行试乘试驾。

三、您在试乘试驾期间应当遵守《中华人民共和国道路交通安全法》及有关道路规章制度，遵循我公司规定的试乘试驾路线，不得违章行驶，否则我公司销售顾问有权视情况终止此次试乘试驾活动。

四、试乘试驾完毕后，您所交回的车辆应当完好无损，没有发生任何碰撞、刮擦等事故，否则应承担修复所需一切费用。

试乘试驾车型登记表

试驾车型		试驾地点	
试驾车号		试驾时间	
驾驶证号		电话/手机	

以上内容我已仔细阅读过，并无异议，且能保证我提供的一切资料真实合法。

车辆提供单位：（盖章）

试乘试驾人：（签字）

试乘试驾日期：　　　年　　月

表 3-2-4　试乘试驾意见表

试乘试驾车型：______________　　　　　　　　________年____月____日

项目		满意	较满意	一般	不满意
对试乘试驾车的意见	启动、起步	□	□	□	□
	加速性能	□	□	□	□
	转弯性能	□	□	□	□
	制动性能	□	□	□	□
	操控性能	□	□	□	□
	舒适性能	□	□	□	□
	静谧性能	□	□	□	□
	音响效果	□	□	□	□
	空调效果	□	□	□	□
	操作便利性	□	□	□	□
对陪同试乘试驾人员的满意程度		□	□	□	□
对经销店试乘试驾服务的满意程度		□	□	□	□
你的其他宝贵意见和建议：					

姓　　名：________________　　　　电　话：________________

试驾车型：________________　　　　日　期：________________

表 3-2-5　试乘试驾学习评价表

<table>
<tr><td>考核内容</td><td>分值</td><td colspan="3">考核点</td><td>______组
扣分项</td><td>得分</td></tr>
<tr><td>接待礼仪</td><td>10</td><td colspan="3">着装、动作规范，符合商务接待礼仪规范；提供 3 种以上饮品，展示待客之道</td><td></td><td></td></tr>
<tr><td>试乘试驾前</td><td>10</td><td colspan="3">主动邀请试乘试驾；向顾客讲解流程和路线；复印驾驶证</td><td></td><td></td></tr>
<tr><td>试乘试驾中</td><td>10</td><td colspan="3">试乘时，向顾客介绍动力、操控、制动、隔音效果等性能；试驾时，提醒顾客注意安全，让顾客进行良好体验</td><td></td><td></td></tr>
<tr><td>试乘试驾后</td><td>10</td><td colspan="3">邀请顾客回展厅；征求顾客对车辆的体验感受；引导成交</td><td></td><td></td></tr>
<tr><td>语言表达</td><td>20</td><td colspan="3">口齿清晰、流畅；内容合理、符合逻辑性；用词准确；语音、语调、语气得当</td><td></td><td></td></tr>
<tr><td>服务意识</td><td>20</td><td colspan="3">注重以顾客为中心，能主动为顾客提供服务，考虑问题周到</td><td></td><td></td></tr>
<tr><td>职业素养</td><td>20</td><td colspan="3">遵守一体化教室 6S 管理规定，养成良好的工作习惯</td><td></td><td></td></tr>
<tr><td colspan="6">总分 100 分</td><td></td></tr>
<tr><td colspan="2" rowspan="7">小组评价</td><td>组别</td><td>评分</td><td colspan="3">理由说明及建议</td></tr>
<tr><td></td><td></td><td colspan="3"></td></tr>
<tr><td></td><td></td><td colspan="3"></td></tr>
<tr><td></td><td></td><td colspan="3"></td></tr>
<tr><td></td><td></td><td colspan="3"></td></tr>
<tr><td></td><td></td><td colspan="3"></td></tr>
<tr><td></td><td></td><td colspan="3"></td></tr>
</table>

问题 7:（反思性问题）顾客在试乘试驾后，对我们的车辆很满意，可还是说要回去问问家人或朋友的意见，该怎么办?

问题 8:（拓展性问题）顾客非常希望试驾，但无法提供有效驾驶证或者驾龄不符合，该怎么办?

【阅读材料 1】

试乘试驾参考话术（见表 3-2-6 ~ 表 3-2-9）

表 3-2-6　试乘试驾前热身沟通话术

引导重点	沟通话术
车型介绍	这是我们的××1.4 尊享版的试乘试驾车。您看这款车停在外面看起来更加尊贵大气，我想您要是拥有它，一定能够体现出您的高贵生活品质的
遥控钥匙	这款车装备了智能钥匙系统，只要您将钥匙带在身上或放在公文包里，轻轻握住车门把手，就可以打开车门
进入车内	这款车采用 A 柱向前倾移的设计，以及超大面积的前挡风玻璃，使您坐在驾驶席上拥有更加宽广的视野。 您先坐到副驾驶位……我帮您调节下座椅……请您稍等。×先生，您看安全带是否已经系好

表 3-2-7　试乘时沟通话术

引导重点	沟通话术
启动车辆，怠速运转	这款车型配备了一键启动系统，您只要踩住制动踏板，按下方向盘右侧的启动按钮就可以发动了。待会您可以体验一下，确实方便
起步	您坐好，我现在要起步了。××采用的是××发动机，最大的特点就是确保低转速拥有高扭矩输出，再配合××变速器，起步时更加迅捷、平顺
加速	我现在稍微踩一下油门，您可以感受到这款车提速很快，是同级别车中最快的，达到了很多 2.0 L 排量车的加速速度
匀速	在我们匀速行驶的时候，这款车的稳定性也是相当出色的，而且静谧性也很好，基本上听不到什么噪声。这是因为它在发动机舱内部等多个部位都强化了降噪处理
变更车道	这款车采用的是前麦弗逊、后拖曳臂式悬架系统，在变道超车的时候同样可以随心所欲地精准控制车辆
转弯	我现在以 40 km/h 的速度转弯，您可以感受一下车身的稳定性，转弯比较平稳，几乎感觉不到侧倾
驻车	为加强良好的制动性能，这款车在前后轮均采用 15 英寸盘式制动器，再加上带 EBD 的 ABS 辅助，因而车辆在各种状况下的制动都能迅速有效，确保您的行车安全

表 3-2-8　换手时沟通话术

引导重点	沟通话术
换手	我们现在换手，接下来您可以亲自试一下，下车时请注意安全
交钥匙，安全提醒	您现在可以按照我们之前指定的驾驶路线进行安全驾驶，注意整个过程中车速不要超过 80 km/h，转弯时注意减速，注意安全驾驶

表 3-2-9　换手时沟通话术

引导重点	沟通话术
起步	您可以看下后视镜是否已调整到最佳位置了？座椅、方向盘位置合适吗？现在可以起步了！（关注顾客挂挡，防止误操作）
加速	前面路况很好，您可以踩油门，感受一下加速的感觉。（前方的路段比较宽阔，您可以加大油门来体验一下推背感）
变道	您现在可以尝试着变更一下车道，亲自体验一下操控的稳定性
转弯	前面是弯道，您可以保持 40 km/h 的速度转弯试一下，体验一下这款车的良好通过性
刹车	前方马上就到展厅了，现在试一下刹车减速，制动很灵敏
倒车	我们这次的试乘试驾马上就要结束了，前方右转是停车场。最后请您再体验一下倒车诱导显示装置的作用

备忘录

学习活动三　异议处理

班级：________　姓名：________　组别：________　日期：________　成绩：________

情境描述

顾客了解产品后，对产品提出了异议，根据顾客需求特点，你应用技巧处理顾客异议让顾客认可。

学习目标

1. 能根据不同类型顾客的需求特点制定异议处理方案；
2. 能灵活运用方案完成异议处理。

建议学时

6 学时。

资源准备

洽谈桌、饮料推车、饮品、产品资料、互联网等。

学习准备

问题 1：顾客异议是顾客对销售顾问或其销售活动所做出的一种在形式上表现为怀疑或反面意见的一种反应。简单地说，被顾客用来作为拒绝购买理由的就是顾客异议。小组讨论，顾客在购买时会产生哪些异议，试举例填入表 3-3-1 中。

表 3-3-1　顾客异议

不同类型异议	异议常见具体内容	举例
顾客自我异议	需求异议	这不是我喜欢的类型，我不需要这款车
	财力异议	
	权力异议	
产品异议	价格异议	
	质量异议	
	功能异议	
	品牌异议	
对销售顾问不满的异议		
其他		

问题 2：80%以上的来展厅看车的顾客都是有购买倾向的，对于他们提出的异议均可认为是有效异议。应持怎样的态度对待顾客的异议？

问题 3：顾客异议是一种自然现象，销售人员要充分利用顾客提出异议这一契机，及时给顾客以满意的答复，策略性地使顾客加深对商品的认识，改变顾客原来的看法。那么，处理顾客异议的原则是什么？

问题 4：处理顾客异议常见的方法有哪些？

计划与决策

问题 5：为保证此次接待活动顺利进行，对顾客的异议进行整理并制定相应的处理话术，试完成以下 2 个异议举例的处理。

顾客异议 1：日系车安全吗？我听说日系车跟欧美车发生碰撞时，别人的车都没怎么样，可日系车已惨不忍睹。

顾客异议 2：涡轮增压发动机的维修成本很高，所用机油的标准也高，价格贵很多。

实施与反馈

问题 6：以组为单位，一组扮演顾客，提出异议，另一组进行回答，演练展示，点评和总结。

问题 7：（反思性问题）怎样才能使自己真正掌握并运用顾客异议处理的方法？

问题 8：（拓展性问题）当顾客对产品并无异议，却没有购买信号时，该怎么办？

【阅读材料 1】

常见的处理顾客异议的方法

1. PCAI 法

PCAI 法实际上是指通过复述顾客异议、竞品比较、突出本产品优势、场景冲击解决顾客异议。这种方法一般用于有竞争对手的异议。

P（Paraphrase）：复述，认同顾客的想法，认同顾客所理解的竞品优点，为解决顾客异议进行铺垫。

C（Compare）：比较，认同对方的优点，设定新的标准，并说明本品牌的优点。

A（Advantage）：优势，突出竞争优势。

I（Impact）：冲击，通过场景对顾客进行冲击。

2. LERI 法

LERI 法是指通过倾听顾客异议，站在顾客立场为顾客着想，然后提出解决问题的方法，最后通过权威数据、亲身体验化解顾客异议，一般用于无竞争对手的顾客异议。

L（Listen）：倾听，采用追问的方法倾听顾客异议。

E（Establish）：共鸣，换位思考认同顾客感受。

R（Resolve）：解决，提出解决问题的方案。

I（Impact）：冲击，通过权威数据和亲身体验最终化解顾客异议。

3. CPR 法

CPR 法是指在回应顾客异议时先倾听顾客的意见，然后再将异议转变为卖点，对顾客表示关怀，以提高成交的机会。

C（Clarify）：澄清，采用积极的倾听技巧，进一步明确顾客异议。

P（Paraphrase）：转述，用自己的话总结顾客的异议。

R（Resolve）：解决，解决顾客的担忧，理解认同顾客的感受，给出解决的方案。

4. ACE 法

ACE 法是一种竞品比较方法。

A（Acknowledge）：认可，认可顾客的判断，承认竞品车型的优势。

C（Compare）：比较，从对顾客有意义，并对本品牌有利的方面进行比较。

E（Elevate）：提升，强调本品牌与竞争对手比较的优势，以及这些优势如何更适合顾客所述的希望或需求。

【阅读材料 2】

处理顾客异议举例

话术举例 1：

顾　　客：听说你们这款车挺耗油，是这样的吗？

销售顾问：张先生，您能告诉我，为什么会这么认为吗？

顾　　客：很多人都这么说，我之前去一个日系品牌，他们的销售顾问也是这么说的。

销售顾问：你是听别人说的这款车比较耗油，是吧？

顾　　客：是呀。

销售顾问：张先生，你有这种想法其实是能理解的，之前也有不少顾客有这样的顾虑。其实，以前确实比较耗油，但是现在这款车的发动机具有很多节油技术。全铝的发动机材质，降低了整车的重量，全新的缸内直喷技术，使燃油发挥最大的效率，与之匹配的手自一体变速器，时速 80km 时，发动机转速才 1 500 转，百公里油耗仅 6 L，可以说是一款非常节能高效的车型。

话术举例 2:

顾　　客：订车都 1 个月了车怎么还没到呢?

销售顾问：请问您能告诉我您订的是哪一款车型？订的是什么颜色?

顾　　客：就是……，白色的。

销售顾问：我能体谅您的心情，如果是我也会很着急。这款车就像当时跟您说的那样需要等待的时间比较久。因为您订的这款车型目前是我们最畅销的一款车型，在您订车之前也有不少顾客订了跟您同一款车型，所以等的时间可能会比较长。车一到我会第一时间通知您，请您放心，同时也请您谅解。

话术举例 3:

顾　　客：这款车的座椅感觉不太好。

销售顾问：您觉得座椅哪一点不太好?

顾　　客：就是坐起来不舒服。

销售顾问：您的感受我可以理解，每个司机都想坐着舒适的座椅开车。我们的座椅这样设计是从人体功能学角度考虑的，在行驶过程中如果座椅太软的话，刚坐上时感觉很舒服，但时间稍长下车后会感到腰酸背疼，就像睡太软的床一样。同时也是从驾驶安全方面考虑，座椅太软会让人的注意力下降，反应变慢。我们所有功能的设计出发点就是最大限度地保证驾驶员和乘客的安全及驾驶乐趣。

备忘录

学习活动四　报价与成交

班级：________　姓名：________　组别：________　日期：________　成绩：________

情境描述

顾客经过一番对比，认为我们这款车更适合他的需求，就价格问题进入了商谈。此时，销售顾问进行了详细费用说明，及时促进成交，经过努力成功地签订了购车合同，收取订金及相关资料。

学习目标

1. 能把握成交时机，及时建议成交；
2. 能正确计算购置税并做简单说明；
3. 能按顾客需求推荐汽车保险并做简单说明；
4. 能正确填写订车、购车、按揭合同并做简单说明。

建议学时

6 学时。

资源准备

洽谈桌、饮料推车、饮品、收银台、车型报价单、精品报价单、保险报价单、商谈报价单、汽车产品订购单等。

学习准备

问题 1：请描述汽车产品报价的程序。

计划与决策

问题 2：请选择一款车型，了解它有几种配置和颜色？

问题 3：顾客购车的费用构成包括哪些内容？

问题 4：汽车购置税的计算公式为：购置税=车身价/（1+增值税税率）×购置税税率。试计算某款 1.6 L 价格为 132 800 元的家用轿车的购置税。

2009 年 2 月的购置税为=______

2010 年 2 月的购置税为=______

2019 年 2 月的购置税为=______

2022 年 2 月的购置税为=______

小提示

我国车辆购置税实行统一比例税率，2000 年发布的《车辆购置税暂行条例》规定车辆购置税实行从价计征，税率为 10%。国家为推动我国汽车工业的发展，有时也会推出各种优惠政策。2009 年按照财政部公布的文件规定对购置 1.6 L 及以下排量的乘用车实行购置税减半的政策税，购置税税率由 10%调整为 5%，2010 年调整为 7.5%，其他排放不变。2011 年后全部恢复正常的 10%的购置税税率。汽车增值税税率也是全国统一的税率，2018 年 4 月 30 日前为 17%，2018 年 5 月 1 日至 2019 年 3 月 31 日为 16%，2019 年 4 月 1 日起为 13%。

问题 5：针对顾客具体情况，咨询汽车保险公司报价，为客户提供保险推荐方案，填写表 3-4-1。

表 3-4-1　保险推荐方案

车主		车牌号	
车架号		座位号	
车辆型号		车辆性质	
核定载质量		初登日期	
险别名称		保额（元）	保费（元）
商业险合计			
交强险			
代收车船税			
保费合计（含车船税）			

小提示

汽车保险，即机动车辆保险，简称车险，是指对机动车辆由自然灾害或意外事故所造成的人身伤亡或财产损失负赔偿责任的一种保险形式。汽车保险分为交强险和商业险两大类。

交强险是“机动车交通事故责任强制保险”的简称，是一种机动车辆必须购买的强制保险，由保险公司对被保险机动车发生道路交通事故造成受害人（不包括本车人员和被保险人）的人身伤亡、财产损失，在责任限额内予以赔偿。新车在购置保险时，车主除了可以投保交强险和商业险外，还可以缴纳车船税（车船使用税的简称）。车辆如果要上路，购买交强险和车船税是国家法律规定强制要求的最低标准，两者的费用由国家统一规定的，实行全国统一收费标准，但是不同的汽车型号的交强险和车船税价格也不同，主要影响因素分别是“汽车座位数”“发动机排气量”。

商业险是车主自愿投保保险公司的机动车辆保险，分为基本险和附加险。投保人不能单独投保附加险，而必须在投保基本险的基础上才能投保相应的附加险。2020 年 9 月车险综合改革后，新的商业险包括三大基本险和十一个附加险，其中基本险为车损险、第三者责任险和车上人员责任险三种，而在十一个附加险中，在原来的附加险保留下来的新增设备损失险、车身划痕损失险、修理期间费用补偿险、车上货物责任险、精神损害抚慰金责任险、机动车第三者责任保险附加法定节假日限额翻倍赔（简称节假日三者双倍赔）六个险种基础上，新增了车轮单独损失险、医保外医疗费用责任险、机动车增值服务特约条款、绝对免赔率特约条款、发动机进水损坏除外特约条款五个险种。

问题 6：汽车精品也称汽车附件，主要是以美化车室环境，提高乘车舒适性、便捷性和安全性，降低驾车疲劳等产品为主，能为客户带来特别温馨、赏心、安心、放心和舒心的汽车用品；可理解为“汽车装饰”，也可理解为“汽车加装与配装、换装与调校、强化与升级”等。随着车市的激烈竞争，顾客对汽车的要求和选择性越来越高，汽车精品销售越发成为经销商服务和盈利的一个纽带，在销售过程中，通常以赠送和精品套餐两大类为客户提供选择。汽车精品按用途可划分为外装精品、内饰精品、电装精品和其他精品。请查阅资料，列举这 4 种类型精品分别有哪些产品，填写表 3-4-2。

表 3-4-2 汽车常见精品

序号	类型	常见产品
1	外装精品	
2	内饰精品	
3	电装精品	
4	其他精品	

问题 7：某顾客想按揭购买 FTKLL 1.6LMT，预算首付 8 万，2 年还清。车贷万元系数表如表 3-4-3 所示。其中，车价为 13.28 万，保险为 6 000 元，上牌费为 2 000 元，加装精品费用为 4 000 元。请给顾客进行报价？

表 3-4-3 某金融汽车车贷万元系数表

车贷系数	首付 20%～29.99%		首付 30%～29.99%		首付>40%	
6	8.95%	¥1 710.44	8.34%	¥1 707.44	8.23%	¥1 706.90
12		¥874.28		¥871.46		¥870.95
18		¥595.75		¥592.96		¥592.45
24		¥456.62		¥453.83		¥453.32
30		¥373.25		¥370.44		¥369.94
36		¥317.76		¥314.93		¥314.43
42	9.48%	¥280.71	8.78%	¥277.41	8.58%	¥276.48
48		¥251.14		¥247.81		¥246.86
54		¥228.20		¥224.84		¥223.88
60		¥209.92		¥206.52		¥205.55

小提示

报价是一个较为敏感的话题，汽车销售人员在报价时要注意细节和说话方式。如果你的报价让顾客产生不快，那么一定要及时致歉，同时说明你是基于顾客利益出发而提问的，表达为顾客着想的服务态度，并且适当展示自己的专业性，增加顾客的信心。只有令顾客信服，那么这个敏感的话题才不会让顾客多心，也就不会影响销售的继续。

问题 8：请各小组设计顾客背景，并写出组员分配任务，填写在表 3-4-4 中。

表 3-4-4　小组任务分配表

顾客背景设计	
小组人员分工	

实施与反馈

问题 9：顾客对车辆的型号、配置、颜色等已确定，需填写商谈报价单，进行报价。填写好商谈报价单（表 3-4-5）后，请顾客确认，洽谈成功后，与顾客签订购车订购单（见表 3-4-6）。

表 3-4-5　商谈报价单

顾客姓名			首次来店□　二次来店□			销售顾问			
联系方式			新购□ 置换□ 增购□			经理审核：			
车型		配置		颜色		数量		现车	是□否□
客户信息	现有车型：			全款购车	车辆价格：			优惠额度：	
	购车时间：				购置附加费：				
	购车预算：				保险费用：				
	购车用途： 家用□公用□公私两用□				上牌费用：				
	车辆上牌地：				精品费用：				
	对比车型：				付款方式：				
	是否试驾：　是□　否□				总费用合计：				
精品选装明细	品名	价格		贷款购车	贷款方式：				
					贷款年限：				
					贷款额度：				
					首付金额：				
					利息：				
	合计费用				服务费：				
保险	预计保费：				首付合计：				
售后简介	保修年限/里程：				月供：				
	首保时间：				总费用合计：				
贷款手续	□夫妻身份证 □户口本 □收入证明 □结婚证 □房产证 □驾驶证 □存折流水 □其他：								
备注：此报价单不具备合约效力，车辆价格及相关费用金额均以最终成交和实际花费为准									

表 3-4-6　汽车产品订购单

销售单位：　　　　　　订购日期：　　　年　　　月　　　日　　　　　订单号：××××××

<table>
<tr><td rowspan="2">客户资料</td><td>客户名称</td><td></td><td colspan="2">身份证号/统一社会信用代码</td><td colspan="2"></td></tr>
<tr><td>电话</td><td></td><td>地址</td><td colspan="3"></td></tr>
<tr><td rowspan="4">车辆资料</td><td>生产代码</td><td>颜色</td><td>车架号</td><td>数量</td><td>是否分期</td><td>是否置换</td></tr>
<tr><td></td><td></td><td></td><td></td><td></td><td></td></tr>
<tr><td>成交价格（元）</td><td></td><td>预计交车日</td><td></td><td>客户来源</td><td></td></tr>
<tr><td>订金（元）</td><td colspan="2"></td><td>订购人签章</td><td colspan="2"></td></tr>
<tr><td rowspan="8">备注</td><td colspan="6">1. 本订单由订购人与本公司共同签字盖章，并由订购人支付订金后方为有效，并不得转让。</td></tr>
<tr><td colspan="6">2. 标准配备车辆，随车配件、车辆配备，依厂家标准为准。</td></tr>
<tr><td colspan="6">3. 本订单所标之车价未交车前如受政府调整税率或制造厂家调整价格时，依调整后的实际价额销售。</td></tr>
<tr><td colspan="6">4. 如因战争、动乱、自然灾害（含瘟疫），致使本公司不能按时交付车辆时，本公司可以解除本订单，并向订车人无息返还订金。</td></tr>
<tr><td colspan="6">5. 本订单仅用于本公司销售的新车。</td></tr>
<tr><td colspan="6">6. 订购专用车型及 15 万元以上的高档车，需付订金 2 万元以上。</td></tr>
<tr><td colspan="6">7. 本订单生效后，由公司通知订购人交车日期，未缴清车款前，不得要求返还订金。</td></tr>
<tr><td colspan="6">8. 本订单复印无效。</td></tr>
</table>

<table>
<tr><td colspan="3">财务部：</td></tr>
<tr><td>□现金 □微信</td><td rowspan="3">金额：　　　　　　元</td><td rowspan="3">出纳签收：</td></tr>
<tr><td>□汇款 □划卡</td></tr>
<tr><td>□支付宝</td></tr>
<tr><td colspan="3">备注：</td></tr>
</table>

交车程序：1. 销售顾问填写完此表交营销组确认车型，营销组签字。

2. 此表和订金交财务确认金额，财务收款签字，财务确认营销组签字后方可将客户联交给客户。

3. 此表一式三联：第一联由营业所统一交营销组（白）、第二联交财会组（黄）、第三联交客户（粉）。第三联客户联，交车时统一由财会组收回。

问题 10：（反思性问题）销售顾问已按流程要求完成对顾客的各项费用说明，如何既能保证顾客的知晓权，同时又能更好地提高工作效率？

问题 11：（拓展性问题）假设顾客已非常确定要买某辆车，请设计一个价格方面的异议，并使用价格异议处理方法解决这个异议（采用对话的方式）。

异议内容：

异议处理：

小提示

查询资料，了解处理顾客价格异议的方法，如巧妙“让价”法、价格分摊法、“缓兵之计”法、“三明治”法、转移比较法、“逼购法”、攻心法和“隔离法”等。可参考【阅读材料 1】，也可参考【阅读材料 2】（见表 3-4-7）中典型价格异议处理话术。

【阅读材料 1】

处理顾客价格异议的方法

处理顾客异议的方法有很多，下面介绍常见的几种。

例 1 用巧妙“让价”处理顾客异议

（价目表：13.8 万元，销售顾问的价格权限：13 万元）

销售顾问：李小姐，您认为我们的价格太高，那您觉得多少钱合适呢？

顾　　客：13 万元。

销售顾问：李小姐，您太会开玩笑了。要知道，我们的价格是根据成本来制定的，这个价格绝对是不可能的。

顾　　客：13.3 万元，这是我所能承受的最高价了。

销售顾问：李小姐，说真的，我也很乐意帮您，可是这个价格还是没有办法接受，我要是卖给您，老板就要炒我鱿鱼了。

顾　　客：怎么会呢，你们领导夸你都来不及，怎么会炒你鱿鱼呢，这个价格可以啦。

销售顾问：您就别让我为难了，这样吧，我跟经理申请看能否给您优惠 2 000 元，如果这个价格可以接受，我马上去给您申请。

顾　　客：好吧。

例 2 用“价格分摊法”处理顾客异议

顾　　客：12 万元，这车太贵了吧？

销售顾问：您说的不错，对于一般人来说，汽车还是属于高档消费品，但是，和其他日常消费品不同，汽车不是一两年就会报废的，用上 10 年 8 年不成问题。不要说 10 年，就以 6 年来算，您 1 年只需要支出 2 万多元，每天也仅要 50 多元，这样就能拥有一辆属于自己的汽车，过上有车一族的生活了。而如果没有车，像您这样做生意的，打车多不方便呀。想一想自己驾车的乐趣，难道您还会觉得买得不值吗？

例 3 用“缓兵之计法”处理顾客异议

顾　　客：这款车卖多少钱？

销售顾问：这款车在 13.8 万元至 19.6 万元不等，我们先别急着讨论价钱，先看看这款车符不符合您的要求，关键是要您喜欢。您说呢？

顾　　客：这辆车看起来不错，那你先给我介绍一下吧。

销售顾问：好的。

例 4 用“转移比较法”处理顾客异议

顾　　客：这车好贵，能不能再便宜点？

销售顾问：您想想，当初买进口的需要 60 万元，现在国产后才 30 多万元，您可以试一下，您会觉得满意的。

例 5 用“逼购法”处理顾客异议

顾　　客：好吧，那就这么定了，36.8 万元，我下周过来签合同。

销售顾问：肖先生，我们这款车销售得很好，如果您下周再来，恐怕会被别的顾客买走了。

顾　　客：可是我今天没带那么多钱，下周，下周我一定来！

销售顾问：其实你可以先交定金，我们为您保留着，您觉得可以吗？现在购买还可以赠送6 000元的精品。

例6　用“攻心法”处理顾客异议

这可是我为您争取到的内部价，我们的报价是很实在的，即使是总经理的朋友，也只能享受到这个优惠，所以，您已经享受和我们领导朋友一样的待遇了。如果您觉得还是偏高，我可以专程陪您去别的店看看别的车型，帮您砍砍价、把把关，就算做不成生意，能和您交个朋友我觉得也很值得。

例7　用“隔离法”处理顾客异议

顾　　客：你所说的这个价格我无法接受。

销售顾问：我知道这辆车的价格比较贵，但它的性能真的不错。根据我们的调查，这款车的车主都反馈说很满意，返修率很低，相对其他品牌的汽车来说，这可以为您省下不少维修费用。与其说要买一辆经常需要“治疗”的汽车，还不如买一辆不怎么“生病”的汽车，事实上他们本身的价格也相差不了多少，没多久，您就会把这差价赚回来。总体来说，这个价格还是很划算的。

顾　　客：你说的也对。

【阅读材料2】

表3-4-7　典型的价格异议处理话术

价格异议	话　　术
我是你们的老客户了，可以优惠多少	您放心，公司肯定有优惠的！您应该也知道我们的价格一直都是非常实在的，而且车的质量也是一流的，售后服务也会让您满意，这也是我们赢得像您这种老客户厚爱的原因。正常情况下，第一次买车是没有优惠的，但是您是我们的老客户了，应该享受特别的待遇，如果今天能订下来的话，我向经理申请给您优惠3 000元，并送您一套脚垫，您看可以吗
某某品牌的车在网上的报价比你们的便宜3 000元	是这样的，您看到的信息可能是某个经销商搞活动的促销价，虽然表面上看便宜了3 000元，但您也知道买了汽车就离不开维修保养。以往很多车主买车对售后服务的花费和质量顾及不多，殊不知对车的维修保养要终其一生，不间断地花销。虽然买车时在价格上占了小便宜，但在修车保养的支出上却吃了大亏。而我们4S店为您提供的是“汽车终身服务解决方案”和星级式的售后服务，保证您买得放心，用得放心。您算一下，当然在我们这里买更划算了
同样是这款车，C店比你们便宜多了	看来您是有备而来的，您知道我们为什么在价格方面比C店贵3 000元吗？因为我们这里买车会赠送一年的车险，一年免费洗车服务以及一年的免费保养，这些价值超过6 000元，而且样样都是买车后必须用到的。总的算来，我们还是比他们更优惠
这款车还行，就是太贵了	您说的对，这车系出名门，又是最新款式，价格确实贵，但像您这样的成功人士就该开这样的车！因为只有这样的车才能带给您既豪华又安全的感受，更能彰显您的身份和地位，您说对吧
我们逛了几家4S店，就你们这最贵	看来今天是遇到行家了！事实上价格的高低是相对而言的，就像五星级酒店绝对要比小旅馆的价格高，因为它们的硬件和服务相差好几个档次。同样的道理，将我们这样的品牌专营店与一般的店比较是没有意义的，购买汽车这样的大件商品，最重要的是要挑选一家实力雄厚、信用可靠、具备相应资质的经销商，这样才买得安心、用得放心，您说是吗
这车18万元，也太贵了，我还是觉得便宜点的好	您说的不错，对于普通老百姓来说，现在汽车还是属于高档消费品。但是，和日常消费品不同，汽车不是用一两年就会坏的，用上10年8年都不成问题。不要说10年，就以6年来算，您1年只需要支出×万元，每天也就是几十元，那这样您就能拥有一辆属于自己的汽车，过上有车一族的生活

【阅读材料 3】

促进成交的方法

一、选择促成法

销售顾问：张先生，您比较喜欢手动的，还是手自一体的？

客　　户：手动的，我习惯了。

销售顾问：刚刚试车的时候，就能看出来，像您这样车技精湛的，肯定比较偏爱手动挡的。这一款车有红、黑、灰等 6 种可选颜色，您更喜欢哪一种呢？

客　　户：黑色吧，黑色的车看着稳重大气，无论什么场合都挺适合。

销售顾问：是的，黑色是汽车永远不过时的经典颜色，很多像您这样的精英白领都钟情黑色。张先生，我想问一下，您倾向一次性付款，还是分期付款呢？

客　　户：我想先付 10 万元的首付。

销售顾问：剩余的车款您想分两年，还是三年还清呢？

客　　户：分两年的话，每个月月供是多少啊？

销售顾问：您稍等，我帮您算一下，分两年的话，每月的月供是________元，以您的经济能力和发展前景，完全是可以承受的。

客　　户：分期的话，压力小一点。

销售顾问：是啊，剩余的钱您还可以做其他投资。而且有了这一款车，不仅方便了您及家人的工作和生活，更会提升生活的品质和档次。以后的每一个周末，每一次长假您都可以与家人一起去想去的地方了。您的努力工作不就是为了让家人更好地生活吗，您说是吧？

客　　户：（笑了笑）

销售顾问：张先生，我们现在有现车，您今天就可以下订单了。

二、激将促成法

客　　户：这款车我觉得很适合我，但买车也不能急嘛，我再想想，过几天回复你吧。

销售顾问：张先生，其实选车这事跟您做生意是有相通之处的。

客　　户：哦？为什么这么说呢？

销售顾问：您刚刚 30 出头，却把生意做得红红火火，我想，这和您非凡的决断能力是分不开的。要是一桩生意合理、合法，成本合适，又能带来实际的利益，您肯定会当机立断把握机会，是吧？

客　　户：这是自然的。

销售顾问：听您讲过去的经历真是让我学到了不少东西。我觉得，选车就像您做生意一样，只要您真的喜欢，而且承担得起，那为什么不马上把车订下来呢？很快你就可以载着孩子去学校。白天，你可以开着它出去谈生意，晚上带上家人一起去个安静的馆子，一家人好好庆祝一下。我想，您这么辛苦打拼，就是为了这份享受的时光，对吧？

客　　户：呵，好像有点道理。

销售顾问：我带您去看新车吧。

三、利益促进法

客　　户：这款车是不错，但是相同的配置，A 品牌的车要便宜很多呢。

销售顾问：张先生，A 品牌的车确实比较便宜，但是我猜，现在您的第一选择肯定不会是 A 品牌。

客　　户：为什么？

销售顾问：因为您现在买车最看重的不是价格，而是品质与品位。您和太太的工作都非常优越，即使在这样的一线城市，您一家的生活水平也可以说是处于中高层次的。在平时的工作中，您接触的也都是精英人士。即使您不用座驾来标榜自己，别人也会用您的爱车来衡量您。所以，您需要的是一款能够体现品位与档次的车，我们这款车知名度很高，很多大企业在为公司购置高级商务车时都会选择我们，如××公司等。有这样一款爱车，您在任何场合都不会失面子的。您说呢？

客　　户：(沉默)

销售顾问：张先生，我们现在还有现车，您比较喜欢什么颜色……

四、诱导促成法

客　　户：我很多朋友买完车就开始后悔，这回我买车还是要谨慎一些。我先考虑一下，过一段时间再告诉你要不要定这款车。

销售顾问：张先生，您说的没错，有很多客户在买完车之后都会有一点后悔，但是我想，只要您倒过来想一想，就绝对不会成为这些客户中的一员。

客　　户：哦，倒过来想是什么意思啊？

销售顾问：您购置这辆车主要是为了解决什么问题呢？

客　　户：平时跑业务啊，拉货啊，还有就是想节假日带老婆孩子回家看父母方便一点。

销售顾问：那您觉得这款车能不能帮您解决问题呢？

客　　户：唔……(点点头)

销售顾问：这一款车从外观上看，大气俊朗，线条流畅，无论您开着它去谈生意，还是走访亲戚，绝对不用担心会失面子。他的储物空间更是远远超越了同级别的其他车型，后座椅是可以放倒的。您看，座椅放倒后，这个后备厢可以平躺两个成年人，您平时拉货这么大的空间肯定够用了。您试车的时候也体验过，这款车无论是安全性还是动力都是非常出色的，所以，平时带小孩去看父母一点都不成问题。您是个顾家又事业有成的人，这款车一定会成为您贴心的好助手。

客　　户：嗯……

销售顾问：张先生，您跟我说过，为了选一款中意的车，您已经花了好几个月时间在车市选购了，现在好不容易遇上了合意的车，就定下来吧。我带您去看看现车吧……

五、假设促成法

销售顾问：张先生，这款车您觉得中意吗？

客　　户：呵呵，不错，我很喜欢。它的越野性能很不错。(购买信号)

销售顾问：是呀，这款车有着优越的越野性能，内部空间也非常宽敞，您平时经常有户外的活动，它真的挺适合您的。我们来确定一下颜色吧，您比较喜欢哪一种颜色呢？您看，这是这款车的 6 种颜色。

客　　户：红色吧。

销售顾问：您看要不要给您的爱车加上导航呢？

客　　户：这倒不用。你们是赠送一年的车险，对吧？

销售顾问：是的，我向我们经理申请一下，这个应该没问题……

六、实例促成法

情景 1:

客　　户：我就买这款车吧，我明天取了钱再过来买。

销售顾问：张先生，您确定要订这款车了吗？

客　　户：是的，就这款。

销售顾问：张先生，如果您决定了要订这一款车，建议您今天交一部分订金，明天直接过来提车。前天，我就有一位顾客吃了亏。他看中了这一款车，叮嘱我给他留一辆，可那天中午我同事就把这款车卖给了另外一位顾客。这款车在库房就只剩下两辆了，再想提车要等半个多月。我那位顾客提不到车，把我狠狠说了一通，只好预订了下一批车。这件事说到底，还是我工作没到位，没有提醒他一下。所以，我建议您可以先将车订下来，两辆现车中，您可以挑选一款，就算明天您来时，又不想要这款车了，那也没关系，我们可以退您订金。您选车已经选了将近 4 个月了，碰到自己喜欢的车不容易呀。

客　　户：那我交多少订金呀？我随身也就带了几百块。

销售顾问：我们这里也可以刷卡。

情景 2：

客　　户：买车也不是小事，十多万元，我要先和家人商量商量。

销售顾问：张先生，是不是我们这款车您不太满意呢？

客　　户：不是，我都试了两回车了，感觉还是很好的，就是想听听家里人的意见。

销售顾问：确实，买车要花钱，养车也需要花钱，而且车子也是要与家人一起使用的，家人的参与确实很重要。张先生，您这样细心顾及全家人的感受，您的家庭一定很幸福。

客　　户：呵呵，还可以。

销售顾问：张先生，我有个小故事，不知道您想不想听呢？想与你分享一下，我小时候有件事至今还记得特别清楚，五六岁的时候吧，我爸瞒着家人买了一台电视机，用大红的包装纸盖着，摆在桌子上，蒙着我的眼睛让我打开包装。当我看到电视机的时候，我乐得整整两天没心思吃法，直到现在我还记得当初又惊又喜的心情。我觉得，如果您真的喜欢这辆车，那么您的妻子和孩子也一定会喜欢的，为什么不给他们一个惊喜呢？后天就是周末，您想，当您蒙着孩子的眼睛，将它抱在副驾驶座上，再放开手让孩子看到这款帅气的车时，他该有多兴奋呀！我相信，就算他到我这个年纪，也还会记得第一次看到这款车时的情景。

客　　户：呵呵，是啊，您这个点子好，就这么办吧，给孩子一个惊喜。

销售顾问：那您看，选什么颜色呢？您孩子最喜欢哪种颜色？

备忘录

学习活动五　顾客二次到店接待汇报

班级：________ 姓名：________ 组别：________ 日期：________ 成绩：________

情境描述

某顾客不久前曾来过 4S 店，对某车型有明确的购买意向，由于多方面原因导致当时未成交。销售顾问根据顾客的需求，初步制订方案，再次邀约此顾客二次到店参加活动和试车。当顾客到店后，销售顾问参照顾客接待规范和流程进行接待，引导顾客试乘试驾，进行车辆的动态介绍，试车后填写试乘试驾意见表，及时解决顾客异议；并借助汽车配置报价表建议成交；通过探寻并分析顾客需求，完成竞品分析，处理顾客异议，达成一致后填写购车合同，收取订金及相关资料。

学习目标

1. 能制定顾客二次到店接待方案；
2. 能正确完成顾客试乘试驾；
3. 能正确并及时处理顾客异议；
4. 能提出合理的成交建议；
5. 能根据顾客需求进行合理报价；
6. 能正确填写订车、购车、按揭合同，并做简单说明；
7. 能按要求完成交车仪式；
8. 能协作完成工作任务，具有较强的团队意识；
9. 能遵守 5S 现场管理规定，具有成本意识；
10. 能系统地对学习成果进行展示、汇报。

建议学时

6 学时。

资源准备

咨询台、电话机、电话信息记录表、展车、洽谈桌、饮料推车、饮品、销售工具夹、试乘试驾路线图展板、试乘试驾登记表、试乘试驾意见表、收银台、车型报价单、精品报价单、保险报价单、商谈报价单、汽车产品订购单等。

学习准备

请组长根据小组情况，合理安排角色，并填写任务分配表（见表 3-5-1）。

表 3-5-1 任务分配表

组号		组长	
任务分工			

计划与决策

问题 1：顾客背景完整设计：

问题 2：顾客二次到店展厅接待方案：
（可将小组设计话术电子版打印后粘贴在此页）

实施与反馈

问题 3：根据顾客二次到店接待流程和设计话术，各小组进行演练展示，填写试乘试驾协议书（见表 3-5-2）、试乘试驾意见表（见表 3-5-3）、商谈报价单（见表 3-5-4）和汽车产品订购单（见表 3-5-5），展示后点评和总结，将演练视频提交到学习平台，并根据顾客二次到店接待评价内容表（见表 3-5-6）填写学习评价表（见表 3-5-7）。

表 3-5-2　试乘试驾协议书

尊敬的顾客：

您好！为了让您能亲身体验该品牌车型的舒适、安全以及整车的操控性能和优异配置，特将试乘试驾有关事宜向您告知，请仔细阅读：

一、试乘试驾车型没有任何质量瑕疵，并适合进行试乘试驾活动。

二、您需向我公司保证您本人具有一年以上的驾龄，并持有正式的驾驶证件，且身体健康无重大疾病，适合进行试乘试驾。

三、您在试乘试驾期间应当遵守《中华人民共和国道路交通安全法》及有关道路规章制度，遵循我公司规定的试乘试驾路线，不得违章行驶，否则我公司销售顾问有权视情况终止此次试乘试驾活动。

四、试乘试驾完毕后，您所交回的车辆应当完好无损，没有发生任何碰撞、刮擦等事故，否则应承担修复所需一切费用。

试乘试驾车型登记表

试驾车型		试驾地点	
试驾车号		试驾时间	
驾驶证号		电话/手机	

以上内容我已仔细阅读过，并无异议，且能保证我提供的一切资料真实合法。

车辆提供单位：（盖章）

试乘试驾人：（签字）

试乘试驾日期：　　　　年　　月

表 3-5-3　试乘试驾意见表

试乘试驾车型：____________　　　　____年____月____日

项目		满意	较满意	一般	不满意
对试乘试驾车的意见	启动、起步	□	□	□	□
	加速性能	□	□	□	□
	转弯性能	□	□	□	□
	制动性能	□	□	□	□
	操控性能	□	□	□	□
	舒适性能	□	□	□	□
	静谧性能	□	□	□	□
	音响效果	□	□	□	□
	空调效果	□	□	□	□
	操作便利性	□	□	□	□
对陪同试乘试驾人员的满意程度		□	□	□	□
对经销店试乘试驾服务的满意程度		□	□	□	□
你的其他宝贵意见和建议：					

姓　　名：____________　　　　电　话：____________

试驾车型：____________　　　　日　期：____________

表 3-5-4　商谈报价单

<table>
<tr><td>顾客姓名</td><td colspan="2"></td><td colspan="3">首次来店□　二次来店□</td><td colspan="2">销售顾问</td><td colspan="2"></td></tr>
<tr><td>联系方式</td><td colspan="2"></td><td colspan="3">新购□ 置换□ 增购□</td><td colspan="4">经理审核：</td></tr>
<tr><td>车型</td><td></td><td>配置</td><td></td><td>颜色</td><td></td><td>数量</td><td></td><td>现车</td><td>是□否□</td></tr>
<tr><td rowspan="7">客户信息</td><td colspan="3">现有车型：</td><td rowspan="7">全款购车</td><td colspan="3">车辆价格：</td><td colspan="2">优惠额度：</td></tr>
<tr><td colspan="3">购车时间：</td><td colspan="5">购置附加费：</td></tr>
<tr><td colspan="3">购车预算：</td><td colspan="5">保险费用：</td></tr>
<tr><td colspan="3">购车用途：家用□公用□公私两用□</td><td colspan="5">上牌费用：</td></tr>
<tr><td colspan="3">车辆上牌地：</td><td colspan="5">精品费用：</td></tr>
<tr><td colspan="3">对比车型：</td><td colspan="5">付款方式：</td></tr>
<tr><td colspan="3">是否试驾：　是□　否□</td><td colspan="5">总费用合计：</td></tr>
<tr><td rowspan="6">精品选装明细</td><td>品名</td><td colspan="2">价格</td><td rowspan="9">贷款购车</td><td colspan="5">贷款方式：</td></tr>
<tr><td></td><td colspan="2"></td><td colspan="5">贷款年限：</td></tr>
<tr><td></td><td colspan="2"></td><td colspan="5">贷款额度：</td></tr>
<tr><td></td><td colspan="2"></td><td colspan="5">首付金额：</td></tr>
<tr><td></td><td colspan="2"></td><td colspan="5">利息：</td></tr>
<tr><td>合计费用</td><td colspan="2"></td><td colspan="5">服务费：</td></tr>
<tr><td>保险</td><td colspan="3">预计保费：</td><td colspan="5">首付合计：</td></tr>
<tr><td rowspan="2">售后简介</td><td colspan="3">保修年限/里程：</td><td colspan="5">月供：</td></tr>
<tr><td colspan="3">首保时间：</td><td colspan="5">总费用合计：</td></tr>
<tr><td>贷款手续</td><td colspan="9">□夫妻身份证 □户口本 □收入证明 □结婚证 □房产证 □驾驶证 □存折流水 □其他：</td></tr>
<tr><td colspan="10">备注：此报价单不具备合约效力，车辆价格及相关费用金额均以最终成交和实际花费为准。</td></tr>
</table>

表 3-5-5　汽车产品订购单

销售单位：　　　　　　　　　　订购日期：　　　年　　　月　　　日　　　　订单号：××××××

<table>
<tr><td rowspan="2">客户资料</td><td>客户名称</td><td></td><td colspan="2">身份证号/统一社会信用代码</td><td colspan="2"></td></tr>
<tr><td>电话</td><td></td><td>地址</td><td colspan="3"></td></tr>
<tr><td rowspan="4">车辆资料</td><td>生产代码</td><td>颜色</td><td>车架号</td><td>数量</td><td>是否分期</td><td>是否置换</td></tr>
<tr><td></td><td></td><td></td><td></td><td></td><td></td></tr>
<tr><td>成交价格（元）</td><td></td><td>预计交车日</td><td></td><td>客户来源</td><td></td></tr>
<tr><td>订金（元）</td><td colspan="2"></td><td>订购人签章</td><td colspan="2"></td></tr>
<tr><td rowspan="8">备注</td><td colspan="6">1. 本订单由订购人与本公司共同签字盖章，并由订购人支付订金后方为有效，并不得转让。</td></tr>
<tr><td colspan="6">2. 标准配备车辆，随车配件、车辆配备，依厂家标准为准。</td></tr>
<tr><td colspan="6">3. 本订单所标之车价未交车前如受政府调整税率或制造厂家调整价格时，依调整后的实际价额销售。</td></tr>
<tr><td colspan="6">4. 如因战争、动乱、自然灾害（含瘟疫），致使本公司不能按时交付车辆时，本公司可以解除本订单，并向订车人无息返还订金。</td></tr>
<tr><td colspan="6">5. 本订单仅用于本公司销售的新车。</td></tr>
<tr><td colspan="6">6. 订购专用车型及 15 万元以上的高档车，需付订金 2 万元以上。</td></tr>
<tr><td colspan="6">7. 本订单生效后，由公司通知订购人交车日期，未缴清车款前，不得要求返还订金。</td></tr>
<tr><td colspan="6">8. 本订单复印无效。</td></tr>
<tr><td colspan="6">财务部：</td><td>营销组</td></tr>
<tr><td colspan="2">□现金　□微信</td><td colspan="2" rowspan="3">金额：　　　　　元</td><td colspan="2" rowspan="3">出纳签收：</td><td rowspan="3"></td></tr>
<tr><td colspan="2">□汇款　□划卡</td></tr>
<tr><td colspan="2">□支付宝</td></tr>
<tr><td colspan="7">备注：</td></tr>
</table>

交车程序：1. 销售顾问填写完此表交营销组确认车型，营销组签字。

2. 此表和订金交财务确认金额，财务收款签字，财务确认营销组签字后方可将客户联交给客户。

3. 此表一式三联：第一联由营业所统一交营销组（白）、第二联交财会组（黄）、第三联交客户（粉）。第三联客户联，交车时统一由财会组收回。

表 3-5-6　顾客二次到店接待评价内容表

考核项目 1	销售顾问评价内容（总分 100 分）	分值
电话邀约	主动邀请顾客到店参加活动或试乘试驾	5
	提醒顾客时间和所带证件	5
展厅接待	主动问好（熟人），热情寒暄（进入舒适区）	5
	茶水选择，动作与神态	5
需求分析	总结上次进店得知的需求	10
	此次进店的目的，提供引导选择	10
试乘试驾	主动邀请顾客试乘试驾，并填写试乘试驾协议	10
	告知顾客试乘试驾相关事项	5
	与顾客完成试乘试驾体验	10
异议处理	合理运用异议处理方法进行产品说明，解决顾客异议	10
	合理运用异议处理方法进行价格说明，解决顾客异议	10
配置推荐与成交促进	推荐的配置与顾客的需求吻合	5
	运用报价技巧合理报价，适时促进成交	5
签约成交	按要求完成签约成交	5
考核项目 2	来店顾客扮演评价内容（总分 100 分）	分值
角色扮演	能体现购车者的性别、年龄、职业特点	20
	能合理关注车辆特性（30 分）及自身利益（20 分）	50
	语言、动作得体，符合背景设计要求	30
考核项目 3	点评者评价内容（总分 100 分）	分值
演示点评	公正公平，分值合理	20
	总结出的优点具有可借鉴、学习的价值	40
	指出不足之处并能进行正确示范或说明	40

表 3-5-7 学习评价表

组别	表演者	评分	平均分	理由说明及建议

问题 4:（反思性问题）本次演练中，存在着哪些不足？应该如何解决？

问题 5:（拓展性问题）如果让顾客从满意客户到忠诚客户，有哪些做法？

备忘录

学习任务四　交车和售后维系

情境描述

某顾客已经订车，销售顾问在预定时间里按流程完成新车交车准备、顾客邀约和新车交付等项目，并在顾客离店后，进行定期回访沟通，维系良好关系，并对顾客提出的抱怨和投诉进行分析、处理。

学习目标

1. 能执行新车交付流程，提升客户满意度；
2. 能按照标准，对客户进行跟踪回访，填写回访记录表；
3. 能及时了解客户抱怨和投诉的原因，并遵循客户抱怨和投诉处理原则进行处理；
4. 能系统地对学习成果进行展示、汇报。

建议学时

18 学时。

学习活动

学习活动一	新车交付	6 学时
学习活动二	跟踪回访	6 学时
学习活动三	抱怨与投诉处理	6 学时

学习活动一　新车交付

班级：________　姓名：________　组别：________　日期：________　成绩：________

情境描述

售后部门已经完成顾客购买的车辆的 PDS 检查工作，你将邀请顾客到店进行新车交付，待顾客到店后进行交车流程说明，完成新车资料和随车物品的交接，新车状况确认后，举行交车仪式。

学习目标

1. 能按要求进行新车交车的准备工作；
2. 能准确地进行交车说明；
3. 能完整地进行新车资料和随车物品的交接；
4. 能邀请相关部门协助完成交车仪式。

建议学时

6 学时。

资源准备

展车、洽谈桌、饮料推车、饮品、销售工具夹、交车确认表、随车资料（用户手册、保修手册、保险单、合同等）、PDS 检查表、满意度调查表、鲜花、相机等。

学习准备

问题 1：交车的过程是顾客最为关注的环节，也是销售顾问最容易出现问题和顾客投诉最多的环节。观察图 4-1-1 销售过程中销售顾问和顾客的心理曲线图，分析汽车销售过程中，销售顾问和顾客的心理变化情况，在顾客情绪高涨时，销售顾问应如何应对？

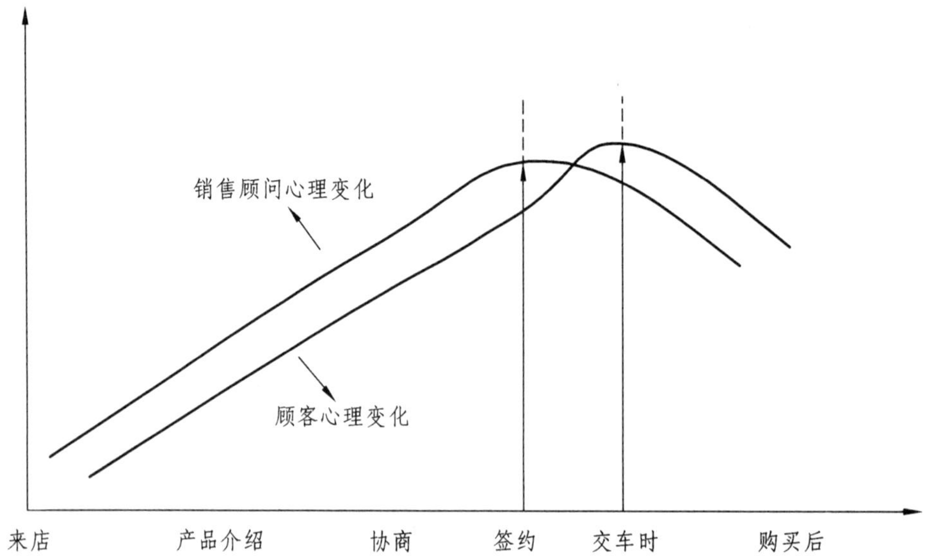

图 4-1-1　交车时顾客与销售员的心理变化示意图

问题 2：要做好交车工作，首先应做好交车前的准备工作，只有进行充分的准备，才能保证交车顺利进行。明确交车前的准备工作包括哪些内容？请根据交车前准备具体事项，完成表 4-1-1 的填写。

表 4-1-1　新车交付前准备工作具体内容

交车前的准备工作	交车前准备具体事项
	1. 交车前一天完成新车交接 PDS 检查，进行 4S 店内部车辆交接，填写新车交接 PDS 检查表
	2. 清洗车辆，保证车辆内外干净整洁，处于最佳状态
	3. 为新车加注适量的汽油，保证新车能开到最近的加油站
	4. 为每位顾客准备独立文件包，包括随车文件、收据发票和交车相关表格等
	5. 与顾客预约交车时间，说明交车内容，如果顾客对交车时间有特殊要求，销售顾问应给予配合
	6. 再次提醒顾客交车时间，以防顾客忘记或有其他临时安排
	7. 确认顾客的付款情况。确保顾客相关车款及费用已经缴纳完毕，如果有部分需要在交车现场支付，销售顾问应在到店前邀约时提醒顾客
	8. 如遇节假日或周末，提前协调财务人员，做好收款及开票准备
	9. 提前协调好售后服务部门及客服人员，保证交车时相关人员在场
	10. 与销售经理、售后经理预约时间，以便交车仪式有管理人员在场，体现对顾客的重视
	11. 交车前应有交车看板，交车顾客姓名及预约时间告示牌
	12. 提前准备好欢迎牌，对顾客前来提车表示欢迎
	13. 安排好照相机、鲜花、小礼品等交车仪式所需物品

小提示

销售顾问应做好充分的交车前准备，并预留充足的交车时间，为顾客留下完美深刻的交车印象。新车交付当日 4S 店实行“三位一体”交车，即新车交车当天销售经理、售后经理一起，为顾客提供充满热情而又规范的交车服务。此外，最好随身携带干净的小抹布或纸巾，因为新车难免有不干净的印记，须随时替顾客擦除，给顾客留下非常爱护对方车辆的良好印象。

问题 3：在交车过程中，需详细说明车辆使用的注意事项以及售后服务内容，并办理车辆交接手续。请描述交车过程“资料点交—车辆验收—介绍售后服务人员及内容—交车仪式”具体包括哪些内容？

计划与决策

问题 4：小组讨论，完成顾客背景设计和小组成员任务分配，填写表 4-1-2。

表 4-1-2　小组任务分配表

顾客背景设计	
小组人员分工	

问题 5：以小组为单位，设计新车交付方案，包括邀约顾客话术和交车当天话术。

（1）交车前邀约话术：

（2）交车当天话术：

实施与反馈

问题 6：根据交车前和交车时的话术，各小组进行演练展示、点评和总结。训练过程中，完成新车交接 PDS 检查表（见表 4-1-3）、交车现场满意度评价表（见表 4-1-4）、交车出库检查表（见表 4-1-5）和新车交付学习任务评分表（见表 4-1-6）的填写，并将训练视频提交到学习平台。

表 4-1-3 新车交接 PDS 检查表

经销商：______________ 车型： □手动 □自动

车辆 VIN 号：________________________ 发动机号：__________________ 里程：_________

序号	检查内容	正常	非正常	备注
	车辆 VIN 号及钥匙			
1	核对合格证与车辆 VIN 号、发动机号			
2	钥匙、遥控装置			
	车外观			
3	漆面			
4	车身缝隙、车门（开关门力度及关门声音）、发动机盖、后厢盖、加油门			
5	前后挡风玻璃、装饰件、整车橡胶密封条、三角窗			
6	前后车灯、转向灯、雾灯、刹车灯（含高位刹车灯）、牌照灯			
7	轮毂、轮胎及气压			
	发动机室			
8	发动机盖的开启及保险钩			
9	冷却液、机油、制动液、转向助力油、雨刷清洗液、机舱内清洁度			
	电器和内饰（室内项目）			
10	远光灯、近光灯及变光、转向灯、侧面转向灯、危险警告灯、倒车灯、雾灯、仪表灯亮度调节、喇叭			
11	点烟器、杂物箱、手套箱、前顶灯遮阳板及化妆镜、车内手动（电动）防眩目后视镜			
12	发动机故障指示灯、ABS 故障指示灯、机油压力指示灯、自动变速器挡位及模式指示灯、电瓶指示灯、安全气囊指示灯、手制动指示灯、燃油液位指示灯			
13	驻车拉杆、换挡机构			
14	空调制冷、风量及出风口角度调节			
15	前/后门电动窗升降顺畅、中控锁			
16	雨刷器（维修模式）			
17	收音机、CD 机			
18	方向盘高度可调			
19	座椅调节			
20	儿童安全锁			
21	安全带			
	行李舱及备胎的检查			
22	备胎			
23	随车工具（轮胎套筒、千斤顶、拖车钩）及三角信号装置			
备注：				

PDS 人员： 日期： 承运商人员： 日期：

表 4-1-4　交车现场满意度评价表

尊敬的客户，您好！为使我们能为您提供更好的、更专业的服务，请您对购车过程中销售顾问为您提供的服务，从服务态度、专业性等方面给予评价。谢谢！

车主姓名：____________　　联系方式：________________________

主体评价：____________　　购买车型/颜色：____________________

一、根据您的新车交付现场，请您对以下行为进行评价。

1. 销售顾问是否在承诺的时间内交车？
　○是　○否
2. 待交车辆是否清洁、干净，符合您的要求？
　○是　○否
3. 销售顾问是否陪您详细检查待交车辆，并得到您的确认？
　○是　○否
4. 销售顾问是否为您详细讲解了新车的操作要点和使用注意事项？
　○是　○否
5. 您对整个交车过程是否满意？
　非常不满意　○1　○2　○3　○4　○5　○6　○7　○8　○9　○10　非常满意
6. 您认为整个交车过程的时间是否合适？
　○是　○否
7. 经销商各部门在交车过程中配合程度是否令您满意？
　非常不满意　○1　○2　○3　○4　○5　○6　○7　○8　○9　○10　非常满意
8. 销售顾问在交车过程中是否对您礼貌，态度友好，热情？
　○是　○否
9. 销售顾问在交车过程中的整体表现是否满意？
　非常不满意　○1　○2　○3　○4　○5　○6　○7　○8　○9　○10　非常满意
10. 就您的购车体验，您会向亲戚朋友推荐本品牌的汽车吗？
　○会　○不会

二、请您对整个购买过程做出真实的评价。

1. 您一进展厅销售顾问是否主动接待您？是否主动递名片，留您的联系方式？
　○是　○否
2. 您对展厅环境是否满意？
　非常不满意　○1　○2　○3　○4　○5　○6　○7　○8　○9　○10　满意
3. 您对销售顾问的服务是否满意？
　非常不满意　○1　○2　○3　○4　○5　○6　○7　○8　○9　○10　满意
4. 销售顾问是否主动为您提供饮品？
　非常不满意　○1　○2　○3　○4　○5　○6　○7　○8　○9　○10　满意
5. 销售顾问是否对新车功能讲解清晰明了？
　非常不满意　○1　○2　○3　○4　○5　○6　○7　○8　○9　○10　满意
6. 销售顾问是否为您介绍汽车保险，分期付款，代办上牌，精品等增值业务？
　○是　○否
7. 您是通过什么渠道来店购车的？
　○朋友介绍　○网络广告　○自然进店　○其他
8. 销售顾问是否主动邀约您试乘试驾，是否填写试乘试驾协议和试乘试驾满意度表？
　○是　○否
9. 销售顾问是否陪同试乘试驾，是否给您讲解新车性能？
　○是　○否
10. 您对试乘试驾的整体过程是否满意？
　非常不满意　○1　○2　○3　○4　○5　○6　○7　○8　○9　○10　满意

三、您认为试乘试驾很重要吗？
　○很重要　○一般　○不重要

四、您的宝贵建议：

表 4-1-5　交车出库检查表

交车日期：年　　月　　日　　　　　　　　　　合同编号：

尊敬的车主，感谢您在××购买汽车，我们将在以后继续为您提供周到的售后服务，现由本公司销售顾问__________或由其委托同事__________向您交车，请查验。

车牌号		车型			颜色		
车架号		发动机号					
车价		精品金额		保险金额		合计金额	
合计金额正确，并确认全款已到账				资料员签字：			
全款到账确认				财务审核签字：			
一、单据及相关证件							
1. 购车发票	☐ 壹张（原件）						
2. 购置税证明	☐ 购置税收据壹张			☐ 购置税本壹本			
3. 行驶证待办证	☐ 有（原件）						
4. 保单及发票	☐ 车险保单发票			☐ 保险保单、发票（原件）			
5. 保险事宜	☐ 出险应付			☐ 理赔流程			
6. 其他							
二、随车资料							
1. 合格证	☐ 无、已交车管所入户		☐ 有、客户自行上牌				
2. 用户手册	☐ 壹本						
3. 保养保修手册	☐ 壹本						
4. 随车物品	☐ 点烟器一个	☐ 车匙二把		☐ 密码卡			
5. 车主须知	☐ 有	☐ 有无解释清楚					
6. 加装精品项目	☐ 已完成						
	☐ 未完成项目：						
三、车辆状况							
☐ 是否洗车　☐ 车身无划痕　☐ 玻璃无划痕　☐ 轮胎、车轮无划痕　☐ 车内已清扫 ☐ 内饰颜色正确、无划痕和污渍 ☐ 其他：							
四、环车说明							
☐ 雨刮器　☐ 空调　☐ 座椅　☐ 天窗、侧窗　☐ 音响　☐ 机油尺 ☐ 清洗液　☐ 灯光　☐ 其他：							
五、公司资料							
☐ 公司简介　☐ 公司会刊　☐ 服务项目　☐ 主要业务 ☐ 近期活动及优惠政策							
六、其他							
☐ 确认 PDS（　年　月　日）　☐ 保养说明　☐ 会员服务说明　☐ 保险说明							

检验合格，车主同意接受。

车主签名：　　　　　　　　销售顾问签名：　　　　　　　　销售经理签名：

表 4-1-6　新车交付学习任务评分表

考核内容	分值	考核点	______组扣分项	得分
交车前准备	10	做好接车前车辆准备、资料准备、人员准备及交车仪式准备		
	10	能够有效地邀约顾客到店进行交车		
接待礼仪	10	着装规范，符合商务接待礼仪规范；提供 3 种以上饮品，展示待客之道		
新车交付	10	能准确地进行交车说明		
	10	能完整地进行新车资料和随车物品的交接		
	10	能按要求进行车辆验收		
	10	能邀请相关部门协调完成交车仪式		
语言表达	10	口齿清晰、流畅；内容合理、符合逻辑性；用词准确；语音、语调、语气得当		
服务意识	10	注重以顾客为中心，能主动为顾客提供服务，考虑问题周到		
职业素养	10	遵守一体化教室 6S 管理规定，养成良好的工作习惯		
总分 100 分				

小组评价	组别	评分	理由说明及建议

问题 7：（反思性问题）我店为顾客精心安排了交车仪式，可顾客嫌麻烦，不愿意配合，怎么办？

问题8:（拓展性问题）交车仪式结束了，可顾客觉得交车仪式比起他（她）所见到的交车仪式差多了，认为销售顾问不够用心，有些小家子气，怎么办?

小提示

常见交车标准：

1. 在所承诺的时间内交车。
2. 确保车辆内外的清洁。
3. 确保车辆的所有装置均处于正常工作状态。
4. 交车时，油箱内加适量燃油。
5. 向顾客详细说明车辆的性能以及各控制装置的操作方法。
6. 向顾客详细说明车辆的保修期及维护保养周期。
7. 确保顾客知晓如何在经销店进行车辆的维修，将顾客介绍给维修部门的人员，并确定首次维护保养预约。
8. 在一个合理的时间段内，完成全部交车过程。

【阅读材料1】

新车交付参考话术

1. 恭喜顾客

张先生，您今天气色不错，马上就开上您的爱车了，恭喜您！

2. 说明交车流程和时间

张先生，我为您介绍一下今天安排的交车流程，这是一份关于整个交车过程的流程表（拿出交车流程说明表），大概需要45分钟。首先，在这个洽谈区我将所有需要交给您的资料进行点交，然后我带您到我们专门的交车区确认车辆状况，最后介绍我们的客服专员、服务顾问给您认识，并为您和您的新车合影留念，您看可以吗?

3. 资料点交

您看，这些是需要交给您的资料（逐件点交）。请您在交车确认表打钩确认。首先是您车辆相关的资料，有用户手册、保修手册、合格证、发票；然后这里是您购置保险的相关资料，有保险单正本、车险条款；最后是我们帮您代办上牌的相关资料，有行驶证、车辆登记证；这是您的临时牌，一定要放在车辆前方的仪表台上，复印件请您放在后风挡玻璃上。临时牌的有效期是15天，到期时请您带上您的身份证原件、机动车行驶证原件及临时牌去车管所领取正式车牌。这是您爱车的钥匙和遥控器。钥匙条形码也要请您妥善保管好，以便配制钥匙时使用。请您对照交车确认表，看所有的资料是否收齐了。如果没有问题，请您在交车确认表上签字确认。（如果时间允许，可逐一详细介绍）

4. 车辆点检

张先生，这就是您购买的爱车了。我们有一套严格的PDS检查制度，确认车辆没有问题才入库；在将新车交给您前12个小时，维修技师已再次对车辆进行了全面检查。我们不仅仅对您新车的外观进行了检查，也对其他所有项目参数、安全性能、动力性能、变速箱等做了严格的检查。具体的检查结果都在这张PDS检查单上，请您过目。下面，需要您最后确认一下车的外观，为了您能够更仔细有序地确认您的爱车，您可以参照这份交车确认表，可以根据检查表逐项检查。检查完毕后如果没有疑问，需要您在检查表上签字确认，谢谢！

张先生，接下来我为您介绍一下车辆相关的使用操作方法和注意事项。同时，要提醒您，如果想进一步了解车辆的使用常识、技巧、日常维修保养知识，我们为每一位车主都安排了“新车养护学堂”，您一定要来参加这样的活动。您会发现在课堂里学习到的内容都非常实用。不久就会有我们的工作人员跟你电话邀约，邀请您参加。

5. 介绍客服专员、服务顾问

为了更好地提高我们的服务水平，稍后我们的客服专员会为您介绍我们店的公众号和办理尊享会员卡，您将享受我们店的会员福利，同时提醒您客服部会在一周之后对您进行电话回访，同时厂家也可能有类似的电话调查或面访，也请您给予配合。

为了更加详细地了解爱车的保养，我将为您介绍一下我们的售后服务顾问小张。今后保养和技术方面遇到疑问，您可以直接向他咨询。

6. 新车注意事项说明

为了让您的爱车更好地磨合，请加注95#汽油。在磨合期行驶过程中，时速不要超过100千米，转速最高不要超过3 000转。

张先生，我们已经为您的新车添加了约1/4汽油，可供您行驶大约150千米。您可以先放心开回家了。

7. 合影留念

今天是您购车的大喜日子，我们特意为您和您的爱车安排了一个合影环节，纪念这美好的一刻。再次恭喜您今天正式成为我们尊贵的×××车主！

备忘录

学习活动二　跟踪回访

班级：________　姓名：________　组别：________　日期：________　成绩：________

情境描述

交车后，你按照流程在规定的时间节点进行电话回访，询问顾客满意度，填写回访记录表。

学习目标

1. 能清晰地表述客户回访的工作流程及规范要求；
2. 能运用客户回访工作流程及规范要求，完成客户回访任务；
3. 能正确使用话术技巧进行客户回访；
4. 能处理在客户回访过程中遇到的问题；
5. 与他人合作，进行有效沟通。

建议学时

6 学时。

资源准备

电话、回访记录表、参考资料、网络资源等。

学习准备

问题 1：有人认为客户已经购车还要进行回访太麻烦了。你觉得回访是否有必要？请分析客户回访有什么意义？

问题 2：小组讨论，新车交付后回访工作的要点有哪些，填写表 4-2-1。

表 4-2-1　新车交付后回访要点

关键环节	工作要点	回访人员
每次回访前准备工作		
交车当天	1. 感谢成为新车主，确认安全到达； 2. 询问客户用车情况，提醒磨合期使用注意事项； 3. 告知客户，如有需要欢迎随时联系； 4. 填写回访记录表	
3 日回访		
7 日回访		
30 日回访		
关系维系回访		
每次回访后工作		

计划与决策

问题 3：小组讨论，完成客户背景设计和小组成员任务分配，填写表 4-2-2。

表 4-2-2 小组任务分配表

回访时间	□交车当天 □3 日回访 □7 日回访 □30 日回访 □日常关怀
顾客背景设计	
小组人员分工	

问题 4：以小组为单位，设计回访方案，包括准备工作、回访话术和回访后的整理工作内容以及短信内容。

实施与反馈

问题 5：根据交车后客户回访关怀的流程和设计话术，各小组进行演练展示、点评和总结，将演练视频提交到学习平台。训练过程中，完成客户回访记录表（见表 4-2-3）和跟踪回访学习任务评价表（见表 4-2-4）的填写。

表 4-2-3　客户回访记录表

制表日期：　　月　　日

<table>
<tr><td colspan="2">客户信息</td><td colspan="5">客户名称：____________建档编号：____________　销售顾问：________
VIN（后 8 位）：____________　交车日期：________
车　型：__________　颜　色__________联系电话：____________
用车类别：单位□　个人□　预计首保日期：____________
其他信息：________________________</td></tr>
<tr><td colspan="2">被回访者</td><td colspan="5">1. 本人　2. 配偶　3. 家人　4. 主要使用人　5. 其他__________</td></tr>
<tr><td colspan="2">回访满意度</td><td colspan="5">A. 很满意　B. 较满意　C. 一般　D. 有问题需要解决　E. 很不满意</td></tr>
<tr><td rowspan="5">必须回访</td><td>时间</td><td>被回访者</td><td>回访内容</td><td>回访经过及结果简要记录
（若有售后问题及时联系）</td><td>回访满意度</td><td>回访人</td></tr>
<tr><td>月　日</td><td></td><td>交车当天回访</td><td></td><td></td><td></td></tr>
<tr><td>月　日</td><td></td><td>交车 3 日回访</td><td></td><td></td><td></td></tr>
<tr><td>月　日</td><td></td><td>交车 7 天回访</td><td></td><td></td><td></td></tr>
<tr><td>月　日</td><td></td><td>交车 1 个月左右回访</td><td></td><td></td><td></td></tr>
<tr><td rowspan="7">日常关系维系</td><td>关系维系回访内容</td><td colspan="5">1. 提醒回厂保养　2. 活动介绍和邀请　3. 定期检查　4. 车辆年审　5. 生日问候
6. 节日问候　7. 推荐购车　8. 推荐保险　9. 推荐精品　10. 询问用车情况
11. 其他</td></tr>
<tr><td>月　日</td><td></td><td></td><td></td><td></td><td></td></tr>
<tr><td>月　日</td><td></td><td></td><td></td><td></td><td></td></tr>
<tr><td>月　日</td><td></td><td></td><td></td><td></td><td></td></tr>
<tr><td>月　日</td><td></td><td></td><td></td><td></td><td></td></tr>
<tr><td>月　日</td><td></td><td></td><td></td><td></td><td></td></tr>
<tr><td>月　日</td><td></td><td></td><td></td><td></td><td></td></tr>
</table>

表 4-2-4　跟踪回访学习任务评价表

考核内容	分值	考核点	——组扣分项	得分
接待礼仪	10	着装规范，符合商务接待礼仪规范；提供 3 种以上饮品，展示待客之道		
跟踪回访	10	回访前做好充分准备		
	10	选择合适的时间、方式进行回访		
	10	回访时面带微笑，与顾客进行良好的沟通，达到回访目的		
	10	善用时机邀请顾客参加店内举办的各种活动		
	10	回访后能及时整理资料和处理回访中出现的情况		
	10	能够记录回访时的关键信息并及时整理		
语言表达	10	口齿清晰、流畅；内容合理、符合逻辑性；用词准确；语音、语调、语气得当		
服务意识	10	注重以顾客为中心，能主动为顾客提供服务，考虑问题周到		
职业素养	10	遵守一体化教室 6S 管理规定，养成良好的工作习惯		

总分 100 分	

小组评价	组别	评分	理由说明及建议

问题 6：（反思性问题）电话跟踪回访的好处是什么？

问题 7：（拓展性问题）在回访中，客户表现不耐烦应该如何处理？

备忘录

学习活动三　抱怨与投诉处理

班级：________　姓名：________　组别：________　日期：________　成绩：________

情境描述

客户购车后，发现车辆实际情况与销售顾问介绍的不一致，很生气，于是拨打了你的电话进行抱怨，并到店进行投诉。请你按照投诉处理流程对此事进行处理，并填写客户抱怨/投诉处理表。

学习目标

1. 能描述客户抱怨和投诉的区别；
2. 能描述处理客户抱怨和投诉的工作流程、规范要求；
3. 能按要求完成客户抱怨和投诉处理任务演练。

建议学时

6 学时。

资源准备

电话、洽谈桌、饮品推车、饮品、客户抱怨/投诉处理表等。

学习准备

问题 1：请结合图 4-3-1，思考为什么说出现客户抱怨和投诉是好事也可能是坏事？

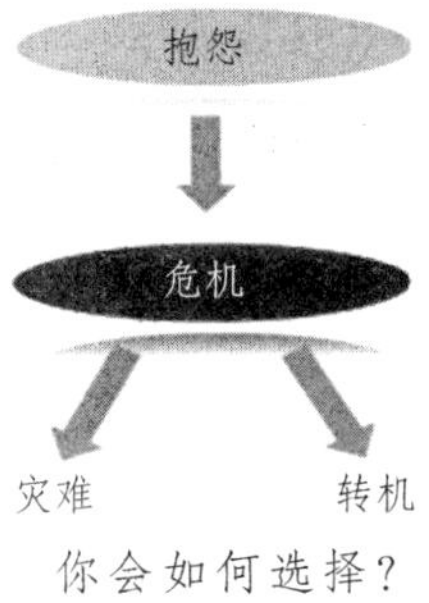

图 4-3-1　抱怨投诉发展示意图

问题 2：请描述客户抱怨和投诉的含义。

小提示

客户的抱怨和投诉存在一定的联系，但是又是完全不同的概念，也就是说，当客户出现抱怨时，表明已经超出了客户容忍的程度，从严重程度上讲，客户投诉所带来的危害性要远远超过客户抱怨，抱怨可能不需要结果，但是投诉时，客户是需要得到结果的。

问题 3：客户出现抱怨或投诉时，销售顾问应该扮演什么角色？

问题 4：请描述处理客户抱怨和投诉的原则。

小提示

处理客户抱怨和投诉时，除了要遵循基本原则外，还要避免一些禁忌的事项（见表 4-3-1），否则，只会发生更大的危机。

表 4-3-1 处理客户抱怨和投诉的禁忌

禁忌	正确的方法
和客户讲道理	先倾听，后阐述
一味地道歉	道歉不是办法，解决问题才是关键
言行不一，缺乏诚意	说到就要做到
急于得出结论	先让客户倾诉，了解情况再下结论
表现不耐烦	为客户提供优质的服务

计划与决策

问题 5：小组讨论，完成顾客背景设计和小组成员任务分配，填写表 4-3-2。

表 4-3-2 顾客背景设计及小组任务分配表

事项	具体内容
客户信息及抱怨或投诉内容	1. 客户信息： 2. 抱怨和投诉内容：
抱怨或投诉内容分析	1. 客户为什么会抱怨或投诉？ 2. 在该事件中，都是哪些人的责任？错在哪里？ 3. 您是如何处理这次投诉的？ 4. 在今后的工作中你应该如何避免这种事情发生？
小组人员分工	

小提示

客户常见的抱怨和投诉情况举例：① 客户抱怨进店很久都没有人接待；② 客户抱怨交车时间太久；③ 客户投诉刚买的车就降价了，要求销售顾问赔偿差价；④ 客户抱怨保养维修费用太高；⑤ 客户抱怨投诉加装的导航经常出现导航不准等问题。

问题 6：小组讨论，根据抱怨/投诉内容，按照“倾听—认同—平息—处理—结束—回访”的步骤以对话的形式描述具体的话术。

实施与反馈

问题 7：根据客户抱怨和投诉的流程及设计话术，各小组进行演练展示、点评和总结，将演练视频提交到学习平台，并完成表 4-3-3 客户抱怨/投诉处理表和表 4-3-4 客户抱怨与投诉处理学习任务评价表的填写。

表 4-3-3　客户抱怨/投诉处理表

受理日期：　　年　月　日　　受理编号：

顾客姓名		地址	
联系人		电话	
购车时间		车型	
车牌号		车架号	
抱怨/投诉时间		抱怨/投诉次数	
接待的销售顾问		接待的客服专员	
抱怨/投诉内容			
初步原因分析			
客服专员签名		客服经理签名	
转交时间		责任部门经理签名	
抱怨/投诉调查结果			
采取的措施			
措施完成时间		负责人签名	
顾客对采取措施后的反馈意见			
回访时间		客服专员签名	
抱怨/投诉根本原因分析			
经销商改进措施			
改进措施实施部门		实施部门经理签名	
客服经理签名		完成日期	

表 4-3-4　客户抱怨与投诉处理学习任务评价表

考核内容	分值	考核点	______组 扣分项	得分
接待礼仪	10	着装规范，符合商务接待礼仪规范；提供 3 种以上饮品，展示待客之道		
抱怨与投诉处理	10	对客户的投诉持欢迎态度，真诚理解客户		
	10	心平气和地处理客户抱怨或投诉，态度亲切		
	10	做到先安抚客户心情，再处理事情		
	10	善于倾听，理解客户投诉的真实内容和具体情况		
	10	给出合理的解决方案，达到双赢		
	10	进行有效的跟踪，对客户进行回访		
语言表达	10	口齿清晰、流畅；内容合理、符合逻辑性；用词准确；语音、语调、语气得当		
服务意识	10	注重以客户为中心，能主动为客户提供服务，考虑问题周到		
职业素养	10	遵守一体化教室 6S 管理规定，养成良好的工作习惯		
总分 100 分				

小组评价	组别	评分	理由说明及建议

问题 8：（反思性问题）客户抱怨或投诉时，会有哪些期望？

问题 9：（拓展性问题）客户抱怨和投诉的渠道有哪些？

备忘录

参考文献

[1] 刘秀荣. 汽车销售技巧与实务[M]. 北京：电子工业出版社，2015.

[2] 陈姣. 汽车销售人员超级口才训练[M]. 北京：人民邮电出版社，2019.

[3] 史婷. 汽车销售技巧[M]. 北京：化学工业出版社，2019.

[4] 张发明. 汽车营销实务[M]. 北京：机械工业出版社，2016.

[5] 张国方. 汽车营销学[M]. 2版. 北京：人民交通出版社，2017.

[6] 季杰. 汽车销售实务[M]. 北京：北京理工大学出版社，2016.

[7] 王海鉴. 汽车销售实训教程[M]. 北京：经济管理出版社，2016.

[8] 雄信文化. 每天多学一点销售学[M]. 北京：清华大学出版社，2015.

[9] 罗静. 汽车商务礼仪与销售技巧[M]. 北京：机械工业出版社，2019.

[10] 刘秀荣. 汽车销售技巧与实务[M]. 北京：电子工业出版社，2015.

[11] 宋润生. 汽车营销基础与实务[M]. 广州：华南理工大学出版社，2016.

[12] 李志远. 汽车销售从新手到高手[M]. 北京：中国铁道出版社，2017.

[13] 李燕. 汽车销售实务[M]. 2版. 北京：机械工业出版社，2021.